Heike Malisic und Beate Nordstrand

LEBE LEICHTER

Umschalten aufs Wohlfühlprogramm:
Ernährung, Bewegung, Schönheit

R.Brockhaus

Quellennachweise

Jack Canfield / Mark V. Hansen: „Im Jahr 1959, als Jean Harper ...". © Hagenbach & Bender GmbH, Literary and Media Agency

Die Geschichte vom Blumentopf und dem Bier Aus: der lachende Manager. Internet-Newsletter ingo.reichardt@communication-college.org

SIE und IHR KÖRPER – Dieser Artikel wurde uns zur Verfügung gestellt von Günter R. Pölzer, staatlich geprüftem Fitnesslehrer und Trainer der National Fitness Academy Austria (NFA). www.fitnessonline.at. Wir haben ihn für unsere Zwecke leicht abgewandelt.

Ein großer Teil der Zitate in den Marginalien stammt von der CD „Gut gesagt. 2000 Zitate, Aphorismen und Lebensweisheiten." Down to Earth Verlag, Berlin, 2005. Wir danken Kestern Hach für die Erlaubnis zum Abdruck.

Bildnachweise

Klaus Hohnwald: 8,14,20,24,50,54,57,60,82,90/91,95,145,174
Dietmar Reichert: 42,92/93,141,155,179
Goodshoot: 161,163
Imagesource: 201
alle übrigen: iStock

Ein herzliches Dankeschön möchten wir Klaus Hohnwald für seine tollen Fotos und die gute Zusammenarbeit aussprechen!

Gesamtgestaltung: Dietmar Reichert, Dormagen
Druck: Finidr s.r.o., Tschechien
ISBN-10: 3-417-24970-8
ISBN-13: 978-3-417-24970-5
Bestell-Nr.: 224 970

Inhalt

Vorwort

Es ist jetzt schon länger als zehn Jahre her. Da sitzt sie in meinem Wohnzimmer: eine junge, hübsche Mutter von vier Kindern. Sie erwartet Ratschläge von mir für ihr Leben. Der Alltag kostet sie viel Kraft. Sie ist unzufrieden und fühlt sich überfordert – wie so viele Frauen in unserem Land. Dabei hat sie doch alles, was man sich wünschen kann: einen liebenden Mann, Kinder; und vor allem einen Gott, der seinen Geschöpfen Kraft und Frieden verheißt. Wie so oft bei solchen Gesprächen stelle ich mir die Frage, warum Heike nur so unzufrieden ist und ob ich ihr überhaupt helfen kann.

Fünf Jahre später werde ich auf einer Frauenkonferenz von einer hübschen, selbstbewussten, lebenssprühenden Frau angesprochen. Ich meine, ihr noch nicht begegnet zu sein. Doch es ist Heike Malisic! Was hat sie nur so verändert?

Ich kann mich noch an ihre Worte erinnern: „Nach dem Gespräch mit dir habe ich mich resolut entschlossen, nicht mehr so viel zu jammern, sondern aktiv zu werden. Als Allererstes wollte ich mein Gewicht in den Griff bekommen. Ich ahnte nicht, dass ich allein durch das Abnehmen so ein neues Selbstbewusstsein bekommen würde. Seitdem traue ich mir viel mehr zu. Und ich traue auch Gott viel mehr zu. Ich habe auch angefangen, etwas für mich zu tun. Und ich merke, wenn ich mit mir selbst zufriedener bin, kommt das auch meiner Familie zugute."

Beate Nordstrand kenne ich nur von Konferenzen. Sie erschien mir als eine selbstbewusste, hübsche und schlanke Frau, die anscheinend alles im Griff hatte. Dass das nicht immer so gewesen war, verblüffte mich.

Was hat diese Frauen so verändert? Warum sind sie so voller Energie und Optimismus?

„Wir fühlen uns von Gott geliebt. Und das sollte doch auch sichtbar sein: an unserem Äußeren und unserem ganzen Leben“, sagen Heike und Beate.

Davon handelt dieses Buch. Auf den nächsten Seiten bekommen Sie eine Fülle von Anregungen. Dabei geht es nicht nur um Aussehen und Abnehmen, sondern auch um Lebenssinn, Prioritäten und Ziele.

Heike und Beate träumen von Frauen, die zufrieden und selbstbewusst ihr Leben in die Hand nehmen. Dieses Buch wird Sie diesem Ziel ein gehöriges Stück näher bringen.

Claudia Mühlan

Einleitung

Lebe leichter – ein Buch übers Abnehmen? Davon haben Sie doch schon so viele im Schrank! Wenn die Ihnen geholfen hätten, würden Sie in dieses nicht mehr hineinschauen. Aber vielleicht ist es ja genau das, was Sie wirklich brauchen, worauf Sie schon so lange warten. Ein Buch, das Ihnen nicht nur sagt, wie Sie Ihr Gewicht in den Griff bekommen können, sondern das Ihnen darüber hinaus ein neues Lebensgefühl vermittelt – Sie herausholt aus dem beschwerten Alltag und hineinführt in die unbeschwerte Leichtigkeit des Seins.

„Lebe leichter" ist eine Aufforderung zur Tat:
Ihr Leben mit weniger Kilos zu leben,
Ihre Lebenssituation leichter zu nehmen,
Ihren Alltag leichter zu bewältigen,
Ihre Sorgen leichter zu nehmen, einfach Ihr Leben leichter zu leben.

Dieses Buch ist kein reines Sachbuch, das man liest, bewertet und dann zurück ins Regal stellt. Mit diesem Buch sollen Sie arbeiten, aber auch träumen können. Wir möchten Sie gerne mit hineinnehmen in unsere eigene Geschichte. Sie sind nicht alleine auf der Welt mit Ihren Essproblemen. Vielen, von denen Sie es gar nicht ahnen, geht es ähnlich.

Neben Gewichtsproblemen gibt es verschiedene Arten von Essstörungen wie Bulimie, Magersucht oder Esssucht. Wenn Sie unter einer dieser Krankheiten leiden, sollten Sie professionelle Hilfe in

Heike Malisic und Beate Nordstrand

Anspruch nehmen. Ein solches Problem können Sie höchstwahrscheinlich nicht alleine oder nur mithilfe eines Buches lösen.

Mit „Lebe leichter“ sprechen wir hauptsächlich die große Gruppe der Frauen an, die ewig Diät halten, die ständig auf der Waage stehen, zehn Kilo abnehmen und wieder zunehmen, die bei jedem Bissen, den sie im Mund haben, überlegen, wie viele Kalorien sie jetzt wohl zu sich nehmen; die von Größe 38 bis 46 alles im Kleiderschrank haben und immer im Kampf mit ihren Pfunden liegen. Die Frauen, für die ihr Gewicht fast zum Wichtigsten im Leben wird und bei denen sich alles ums Abnehmen und Wiederzunehmen dreht.

Dieses Buch soll Ihnen helfen, aus diesem fatalen Kreislauf auszubrechen, sich selbst kennen zu lernen und Ihr Essverhalten zu verstehen und zu ändern. Es soll Ihnen helfen, Ihre wahre, von Gott gegebene Schönheit zu erkennen und auszudrücken. Gott ist ein Ästhet. Er hat Sie als Schöpfer wunderbar geschaffen, und dieses Buch wird Ihnen helfen, das zu verstehen.

Denn es ist möglich, selbstbewusst in einem Café zu sitzen und ein Stück Torte zu genießen, ohne darüber nachzudenken, ob Sie das dick macht. Es ist möglich, in einer Boutique einen Rock anzuprobieren und von der Verkäuferin zu hören: „Na ja, Sie mit Ihrer Figur können so etwas natürlich tragen.“ Es ist möglich, auf dem Weihnachtsmarkt am Würstchenstand vorbeizugehen und zu denken: „Nein danke, nichts schmeckt so gut, wie es sich anfühlt, schlank zu sein.“ Und dann wird es auch wieder möglich, Ihre Berufung wahrzunehmen und auszuleben, weil Sie nicht nur mit sich selbst und Ihrer Unzufriedenheit beschäftigt sind. Dann setzen Sie Ihre Begabungen und Talente wieder ein, weil Sie selbstbewusst genug sind, anderen etwas von sich zu geben.

Exzellenz ist, das Beste aus dem zu machen, was man hat.

Zeit für Veränderung

Dass Sie das Leben leichter leben können und eine Zeit für Veränderung in Ihrem Leben anbricht, dahin möchten wir Sie gerne mit diesem Buch führen.

Viel mehr Frauen, als man denkt, haben Probleme mit sich, ihrem Körper, ihrem Gewicht und ihrem Selbstwertgefühl. Einigen sieht man es an, den meisten aber nicht. Als Ernährungsberaterin war ich anfangs sehr erstaunt, dass Frauen zu mir kamen und über ihre Probleme mit ihrem Essverhalten und ihrer Figur sprachen, von denen man niemals annehmen würde, dass sie sich überhaupt solche Sorgen machen müssen.

Egal wie verfahren Ihre Situation ist, egal wie viele Kilos Sie wiegen, egal wie viel Sie abnehmen möchten, egal wie viele Diäten Sie schon hinter sich gebracht haben: Sie sind nicht alleine, und vor allen Dingen: Sie sind kein Versager!

> Mut steht am Anfang des Handelns, Glück am Ende.
>
> DEMOKRIT

Es ist niemals zu spät für eine Veränderung. Jeder Fehler in unserem Leben ist ein Chance, es das nächste Mal besser zu machen. Den einzigen wirklichen Fehler, den Sie machen können, ist, sich selber aufzugeben und die Dinge einfach laufen zu lassen.

Der Schatz am Ende des Regenbogens

Eine alte Frau saß bekümmert in ihrem Garten. Sie wollte von Gott und der Welt nichts mehr wissen und war vom Leben enttäuscht. Kurz nach ihrer Geburt hatte sie eine Verheißung bekommen, dass am Ende des Regenbogens ein Schatz für sie vergraben sei. Ihre Mutter erzählte ihr als kleines Kind immer wieder von dieser Verheißung. Als sie erwachsen wurde, begann sie, diesen Schatz zu suchen. Sie unternahm viele Reisen auf der Suche nach Regenbögen und versuchte immer, an deren Ende zu gelangen und dort zu graben. Sie grub auf der ganzen Welt mehrere Kubikmeter Erde aus, tauchte nach verborgenen Schätzen im Ozean, kletterte auf höchste Berge und suchte in tiefsten Höhlen. Doch nirgends fand sie einen Schatz. Mit der Zeit wurde sie immer missmutiger und verlor all ihre Hoffnung. Ihr ganzes Geld verbrauchte sie auf der Suche nach dem verborgenen Schatz, aber ohne Erfolg. Vor lauter Enttäuschung wurde sie ihren Mitmenschen gegenüber verschlossen und griesgrämig. Kaum noch jemand wollte mit ihr zusammen sein, und so lebte sie ihr Leben in Einsamkeit. Als sie wieder einmal missmutig vor ihrem Haus saß, fing es plötzlich an zu regnen, aber die alte Frau dachte gar nicht daran, hineinzugehen.

Auf einmal wichen die Wolken der Sonne und ein wunderschöner Regenbogen kam zum Vorschein. Die Frau betrachtete ihn und stellte mit Erstaunen fest, dass der Regenbogen genau vor ihren Füßen endete. Da auf einmal verstand die alte Frau. Der Schatz war sie selber. Gott hatte so viel in sie hineingelegt, und sie hatte es nicht verstanden. Sie hatte sich bemüht, überall nach dem Schatz zu suchen, dabei war er doch so nah gewesen. Alle guten Gaben, Talente und Fähigkeiten, die Gott ihr gegeben hatte, waren ihr Schatz, und sie hatte es nicht begriffen.

Die alte Frau ging in ihr Haus und weinte drei Tage und drei Nächte lang. Am dritten Tag kam sie wieder aus dem Haus. Sie hatte eine Entscheidung getroffen. Wenn sie der Schatz war, dann sollte es alle Welt erfahren. Von nun an wurde sie freundlich zu ihren Mitmenschen. Sie erzählte allen von Gottes Größe und dass jeder, den Gott geschaffen hat, ein Schatz ist. Und die Menschen fingen an, die alte Frau zu lieben und zu achten.

Heben Sie den Kopf

Wie die alte Frau in der Geschichte sind Sie ein Schatz, den Gott gemacht hat, wertvoll und genau so, wie Gott Sie haben wollte. Ganz gleichgültig, wie viele Jahre Sie sich bemüht haben, einen falschen Schatz zu suchen; egal, wie lange Sie sich um falsche Dinge gekümmert, falsche Entscheidungen getroffen, falsche Prioritäten gesetzt haben: Es ist niemals zu spät, einen neuen Anfang zu machen.

Stellen Sie sich vor, Sie erkennen jetzt, hier und heute, dass Sie der Schatz sind. Gott hat Sie wunderbar geschaffen. Er hat sich sehr viel Mühe gemacht, Sie zu formen, Ihnen Ihr Temperament, Ihre Augenfarbe, Haarfarbe und Hautfarbe zu geben. Er hat Sie schon im Mutterleib liebevoll gestaltet.

Ganz gleichgültig, wie die Dinge in Ihrem Leben sich oder Sie verändert haben: Am Ende des Regenbogens stehen Sie, und Sie sind der Schatz. Sie sind kein Fehler, keine Fehlentscheidung, sondern von Gott gewollt. Er hat Gaben, Fähigkeiten und Talente in Ihr Leben gelegt und er wollte, dass Sie sie gebrauchen.

Heben Sie Ihren Kopf, schauen Sie in den Spiegel, lächeln Sie sich an und sagen: „Jawohl, ich stehe am Ende des Regenbogens. Ich bin der Schatz, und diesen Schatz werde ich heben, für mich und für die Menschen um mich herum."

Fangen Sie heute an, sich selbst zu achten und zu lieben, mit all Ihren Stärken und Schwächen – und auch mit Ihrem Körper!

Ihr Körper ist wahrscheinlich so wenig perfekt wie meiner und wird es wohl auch nicht werden. Doch selbst Frauen, die einen annähernd perfekten Körper haben, lieben sich deshalb nicht unbedingt mehr. Auch sie haben oft ein Problem damit, sich selbst anzunehmen, wie sie sind. Daher spielt es zunächst einmal gar keine Rolle, ob Sie ein paar Pfunde zu viel auf die Waage bringen. Wichtig ist, dass Sie erkennen: Sie sind der Schatz. Inklusive Falten und Runzeln, inklusive Bauch, Beine, Po.

> Du hast mich geschaffen – meinen Körper und meine Seele, im Leib meiner Mutter hast du mich gebildet. Herr, ich danke dir dafür, dass du mich so wunderbar und einzigartig gemacht hast! Großartig ist alles, was du geschaffen hast – das erkenne ich!
>
> PSALM 139,13-14

Der Wunsch, schön zu sein

Heikes Geschichte

Es gab Zeiten, da ging ich täglich auf die Waage, um zu kontrollieren, ob alles im grünen Bereich war. Und dann gab es Zeiten, da stellte ich die Waage weg, weigerte mich, der Wahrheit ins Digitalauge zu sehen.

Ab morgen nehme ich ab

Im Dezember 1997 war es mal wieder so weit. Meine Waage hatte ich in die hinterste Ecke des Schlafzimmers verbannt. So ging das nun schon einige Jahre. War ich Anfang 20 noch schlank mit Größe 38, so hatten mich die vier Schwangerschaften und der damit verbundene Freibrief „Nun kannst du endlich essen“ doch ganz schön auseinander gehen lassen. Zwischendurch war ich zwar motiviert, wieder mein normales Gewicht zu erreichen, aber jedes Mal, wenn ich einen Diätanlauf nahm, wurde ich erneut schwanger oder andere Hindernisse tauchten auf. Das letzte solche Hindernis war unser Umzug und die Renovierung unseres eigenen Hauses. Die Dreifachbelastung aus Haushalt, Kindern und Baustelle ließ mich nur noch essen.

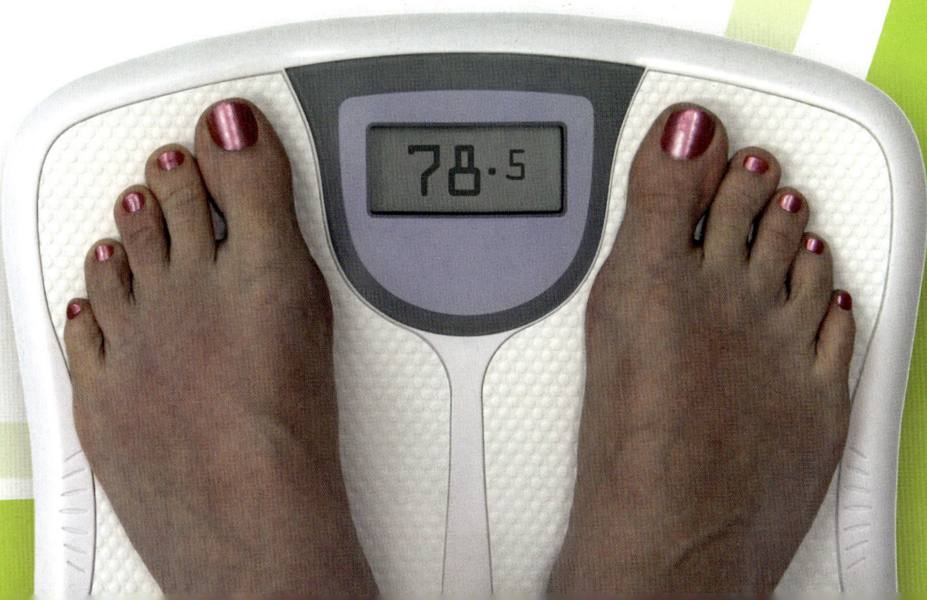

Innerhalb eines halben Jahres nahm ich durch den Stress zehn Kilo zu. Na ja, nicht wirklich durch den Stress, es war schon das übermäßige Essen, Balsam für meine geschundene, gestresste Seele.

Unsere Sehnsüchte sind unsere Möglichkeiten.

Doch Hilfe war in greifbarer Nähe. Der Jahreswechsel stand bevor. Was macht man im neuen Jahr? Genau wie alle anderen auch fasste ich den Vorsatz: „Im neuen Jahr nimmst du ab.“ Ich kramte meine Waage heraus, aber obwohl ich völlig unbekleidet war, meine Halskette abgelegt hatte, noch einmal auf die Toilette gegangen war, noch nichts zu mir genommen hatte und vor dem Wiegen ausatmete (es fehlte nur noch, dass ich mir die Fingernägel schnitt), fiel ich fast rückwärts von der Waage. Ich drehte die Waage um 90 Grad – keine Veränderung. Ich ging mit ihr in den Flur; die Fliesen im Bad sind vielleicht doch schief verlegt? – keine Veränderung. „Mädchen, was hast du denn erwartet?“, fragte ich mich selbst und gelobte: Ab morgen nehme ich ab.

Wie fange ich an? Es verging ein Tag nach dem anderen und ich hatte einfach keinen richtigen Plan. FdH (Friss die Hälfte) schaffte ich nicht. FdH von was denn? Sollte ich statt dreier panierter Schnitzel mit fettigen Bratkartoffeln ab jetzt nur noch die Hälfte essen? Eine genaue Diät musste her. Aber ich hatte keine Lust auf Diät. Seit sechs Jahren versuchte ich immer wieder, meine angefutterten Kilos mit irgendeiner Diät runterzuhungern. Meistens hatte ich kurzfristig Erfolg damit, doch mit dem Ergebnis, dass ich anschließend wieder zunahm und meistens noch ein paar Kilos mehr.

Außerdem passen Diäten immer nur in einen bestimmten Zeitrahmen. Man darf ungefähr zwei bis vier Wochen nichts vorhaben. Es durften also weder Weihnachten, Silvester, Neujahr, Fasching, Ostern, Pfingsten, Konfirmation, noch Grillsaison, Erntedank, Geburtstage, Hochzeiten, Einladungen, Hochzeitstage, Restaurantbesuche, Frühstückstreffen, Kaffeeklatsch … dazwischenkommen. Inzwischen hatte ich 16 Kilo mehr auf der Waage, als ich wollte, da würden selbst vier Wochen ohne Essanlässe nicht ausreichen.

Mitten in meinen Diätüberlegungen wurde ich dann völlig unerwartet schwanger. Natürlich freuten mein Mann und ich uns sehr über diese Nachricht. Ich hegte die leise Hoffnung, nun doch noch ein Mädchen zu bekommen. Allerdings versetzte mich die Aussicht darauf, dass ich zu den 16 Kilos nun noch einmal 20 zu-

nehmen würde, in Panik. „Hinterher nehme ich ab!“, beruhigte ich mich dann relativ schnell.
Es kam aber leider anders, als wir uns das vorgestellt hatten. Wir verloren unser Kind in der 9. Schwangerschaftswoche. Zunächst dachte ich weder an mich noch an meine Gewichtsprobleme, sondern wir trauerten um unser Kind und überlegten dann gemeinsam, ob wir tatsächlich zu unseren vier Jungs, die alle noch recht klein waren, und der Baustelle, auf der wir wohnten, noch ein Baby haben wollten. Ich entschied mich dann für ein „Nein“. Es sollte wohl so sein, und wir nahmen die Entscheidung hin, dass wir dieses Baby nicht haben sollten, aus welchen Gründen auch immer.

Mein Entschluss

Ich selber dachte in dieser Zeit viel über uns als Familie und über mich persönlich nach und kam zu dem Entschluss, dass ich unbedingt einmal etwas für mich tun musste, um auch im Alltag meiner Familie gerecht zu werden. Es war Zeit für eine Veränderung.
Also nahm ich mir vor: „Ich möchte mein Wunschgewicht in diesem Jahr wieder erreichen, und ich werde es schaffen.“ Eine Freundin erzählte mir von den *Weight Watchers*. Dort könne man erfolgreich abnehmen. Ich rief bei der Leiterin der Treffen an und sie erklärte mir das Konzept. Einige Tage später schon stand ich dann bei ihr auf der Waage und mein Weg in eine schlanke Zukunft begann.
Von Anfang an war ich total begeistert von dem Programm: Ich konnte alles essen, es mir selber einteilen, brauchte für die Familie nicht extra zu kochen und konnte mir auch in Maßen meine Süßigkeiten gönnen. Nach und nach purzelten die Pfunde, die Waage zeigte von Woche zu Woche weniger an und die Kleidung saß immer lockerer. Während meiner Abnahme entwickelte ich eine neue Lieblingsbeschäftigung: Regelmäßig probierte ich in Boutiquen Hosen an um zu sehen, ob ich in die nächstkleinere Kleidergröße passte – das motivierte mich am Ball zu bleiben. Nach vier Monaten hatte ich 32 Pfund verloren, trug Größe 38 und fühlte mich wie ein neuer Mensch. Es gab gute und schlechte Tage. Aber ich hatte mein Ziel vor Augen und dieses Ziel half mir durchzuhalten.

Im richtigen Moment die Notbremse ziehen

Mittlerweile halte ich seit 8 Jahren mein Gewicht mit +/– 3 kg. Ich kenne Zeiten, in denen habe ich alles gut im Griff, bin sehr diszipliniert, was Ernährungsverhalten und Bewegung angeht. Genauso gut kenne ich aber auch die anderen Zeiten. Es gibt Frauen, die führen ihr ganzes Leben sehr diszipliniert. Sie haben meine Hochachtung. Ich bin es nicht, die meisten anderen sind es auch nicht. Mein Erfolgsgeheimnis lautet: im richtigen Moment die Notbremse ziehen. Dieses Buch soll Ihnen helfen, im richtigen Moment auf die Bremse zu treten, Ihr Verhalten zu verändern und trotzdem zu leben und zu genießen.

> Mein Erfolgsgeheimnis lautet: im richtigen Moment die Notbremse ziehen!

Gestärktes Selbstbewusstsein

Seitdem ich abgenommen habe, bin ich viel selbstbewusster geworden. Sicher liegt das nicht allein am veränderten Gewicht. Da haben einige andere Faktoren ebenfalls eine Rolle gespielt. Die stärkste Motivation habe ich in all den Jahren durch meinen Mann erfahren, der mich immer wieder ermutigte, mir Dinge zuzutrauen, und mich, wo er konnte, unterstützte. Er gab mir viel Selbstvertrauen, indem er mich stets so nahm, wie ich gerade war, mir meine Stärken aber immer wieder vor Augen hielt, so dass ich nach und nach meine Gaben einsetzen konnte.

Die Berufung

> Was du bist, ist Gottes Geschenk an dich. Was du daraus machst, ist dein Geschenk an ihn.
>
> PAUL BENSON

Da das Thema Ernährung und Bewegung schon jahrelang einen festen Bestand in meinem Leben hatte, bildete ich mich weiter und entschied mich, es auch zu meinem Beruf zu machen. Nach dieser Entscheidung wurde ich von einer lieben Frau unserer Kirchengemeinde daran erinnert, dass Gott mir eine Berufung für Frauen zugesprochen hat. Ich hatte vor der Gewichtsabnahme wegen meiner vielen kleinen Kinder und einer beginnenden Erschöpfungsdepression meine Aufgaben in der Gemeinde niedergelegt. Nun mahnte sie mich leise: Wenn ich die Kraft hätte, wieder zu arbeiten, sollte ich mich daran erinnern, dass auch Gott Gaben in mich hineingelegt hat, die ich für ihn nutzen sollte. Ich versprach Gott also, wieder mit der Frauenarbeit zu beginnen. Auch darin wurde ich sehr von

meinem Mann unterstützt und motiviert. Er gab mir durch seine Anerkennung und Motivation immer wieder das Selbstvertrauen, um neue Projekte in Angriff zu nehmen.

Jetzt, wo ich mich nicht ständig mit mir selbst und meinem Gewicht beschäftigte, konnte ich die Gaben, die Gott in mich gelegt hatte, wieder einsetzen und auch meiner Berufung nachgehen. Durch mein neues Selbstbewusstsein konnte auch Gott mir mehr Aufgaben geben. Durch meine Abnahme hat sich mein Selbstwertgefühl so verbessert, dass ich viel mehr Mut habe, Dinge in Angriff zu nehmen. So leitete ich mehrere Jahre lang die Frauenarbeit unserer Gemeinde und war oft als Referentin unterwegs.

Natürlich hängt das nicht alleine von der Kilozahl ab, die ich wiege, aber in einem Körper, in dem ich mich wohl fühle, trete ich ganz anders auf, und das nehmen auch andere wahr. Wenn ich verinnerlicht habe, dass Gott mich liebt, und ich mich selbst angenommen habe, dann verändert sich auch meine Ausstrahlung. Und Menschen, die mit sich selbst im Reinen sind, wirken auf andere ansteckend.

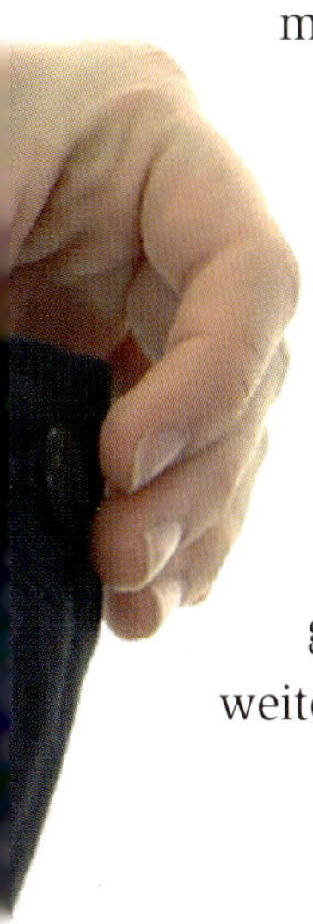

Meine Familie, Freunde, mein ganzes Umfeld kann an mir sehen, dass es möglich ist, schlanker zu werden, zu bleiben und das Leben trotzdem zu genießen.

Oft bemerke ich einen Zusammenhang zwischen meiner Beziehung zu Gott und meinem Gewicht. In Zeiten, in denen ich Gott vernachlässige, ihm nicht den Platz in meinem Leben gebe, der ihm gehört, vernachlässige ich auch oft meinen Körper. So glaube ich, ist es auch in Gottes Interesse, dass wir den Leib, den er geschaffen hat, mit Liebe und Sorgfalt behandeln, auf dass es uns gut geht. Das ist mein Vorsatz, und den möchte ich gerne anderen weitergeben.

Der Wunsch, schön zu sein – Beate

Ein Kapitel über „Attraktivität und Schönheit" zu schreiben – noch vor ein paar Jahren wäre das völlig undenkbar für mich gewesen. Das sollten doch „die Schönen" schreiben; die, die in jeder Situation schön sind, morgens, abends, im Schwimmbad, in Gala, müde oder verweint – einfach immer. Ich bin das nicht. Das sollten die schreiben, die vertraut sind mit den Angeboten der verschiedenen Kosmetikprodukte und Pflegeserien. Das bin ich auch nicht. Ich bin eine ziemlich normal aussehende Frau Mitte Vierzig. Und doch steckt die nicht zu leugnende Sehnsucht in mir, strahlend schön zu sein; gesehen zu werden und in meiner Umgebung Glanz und Schönheit zu verbreiten.

Bin ich schön?

Ein eitler Wunsch? Sollte ich als erwachsene, seit über zwanzig Jahren gläubige und verheiratete Frau nicht diese verborgene Sehnsucht bekämpfen, umformen und meinen Wunsch nach Schönheit in sinnvollere Bahnen lenken?

Im ersten Buch der Bibel steht, dass Gott den Menschen formte. Im Hebräischen wird dafür das gleiche Wort verwendet, das die Tätigkeit des Töpfers am Ton, des Bildhauers am Bild beschreibt (1. Mose 2,7). Die Erschaffung unseres Körpers war weder Unfall noch Zufall, sondern Feinarbeit!

Den Wunsch, schön zu sein, hat Gott selbst in uns Frauen hineingelegt. Dies ist nicht eitel, nicht verwerflich, sondern völlig normal. Gott hat uns mit der Fähigkeit ausgestattet, unsere Umgebung zu erhellen und zu erwärmen durch unser Aussehen, unseren Charme, unsere Ausstrahlung. Und er möchte, dass wir diese Fähigkeit auch gebrauchen.

„Ich glaube, im tiefsten Inneren wünschen wir Frauen uns alle, einmal das tun zu können, was Ester tat", schreibt Anne Ortlund in ihrem Klassiker Ratschläge von Frau zu Frau: „Ester verbrachte ein ganzes Jahr ihres Lebens damit, sich schöner zu machen. Sechs Monate mit verschiedenen Cremes und Ölen, und die anderen sechs Monate mit Parfümen und Kosmetik. Das lag für Ester, der ein eigenes Buch in der Bibel gewidmet ist, in Gottes Plan, um den persischen König Ahasveros für sich zu gewinnen, damit sie auf diese Weise ihr Volk, die Juden, retten konnte. Auch Ihre Ausstrahlung zieht Menschen an und öffnet ihr Herz für das, was Sie zu sagen haben.

Beates Geschichte

Frustriert stand ich vor meinem Kleiderschrank und versuchte, irgendeine Kombination zu finden, mit der ich meine Figur wenigstens etwas verstecken konnte. Wir waren zu einer Feier eingeladen, es war Hochsommer und glühend heiß. In jedem der wenigen Sommerkleider, die ich besaß, sah ich unmöglich aus. Es blieb mir nichts anderes übrig, als einen langen Blazer überzuziehen, und das dämpfte meine Vorfreude auf den Nachmittag erheblich. „Warum trägst du denn bei der Hitze noch eine Jacke?", fragte mich später tatsächlich einer der anwesenden Gäste. „Ich habe nichts anderes", antwortete ich ausweichend.

Der Umstand, nichts Passendes zum Anziehen zu haben, mich in meinen Kleidern einfach nicht wohl zu fühlen, weil sie so sichtbar machten, was ich verdecken wollte, verdarb mir weit öfter die Laune, als ich mir eingestehen wollte. Ehrlich gesagt konnte ich meine mollig gewordene Figur nicht akzeptieren und die Unzufriedenheit darüber spiegelte sich in meinem Verhalten wider. „Für fünf Kinder bist du doch schlank", sagte eine Bekannte und lächelte. Aber gute acht Kilo zu viel auf der Waage hatten mein Selbstwertgefühl gehörig ins Wanken gebracht.

Ewiger Kampf um die Pfunde

Seit meiner Teenagerzeit kämpfe ich mit dem Gewicht. Als ich dreizehn Jahre alt war, rutschte ich sogar für etwa ein Jahr in die Magersucht. So dünn wie möglich zu sein, so wenig wie möglich zu essen wurde für mich zu einer fixen Idee. Dieses Jahr war belastend für meine Eltern und auch für mich. Ich kann Gott nur danken, denn von einem auf den anderen Tag wurde mir klar, wie schädlich und gefährlich mein Essverhalten war – und ich fing wieder an, „normal" zu essen. Mein Interesse an gesunder Ernährung blieb und beeinflusste sicher auch meine Berufsentscheidung. So ließ ich mich nach dem Abitur als Diätassistentin ausbilden. Doch Traummann toppte Traumberuf. Ich lernte den Norweger Magne Nordstrand kennen und heiratete ihn mit 23 Jahren. Gertenschlank.

Traditionell wird in Norwegen beim Anschnitt des „Kranzkuchens" zur Hochzeitsfeier die Frage gestellt, wie viele Kinder sich das Brautpaar denn wünscht. Wir tauschten einen kurzen Blick und ich setzte mutig das Messer an – fünf! Schon ein Jahr später kam unser erstes Kind zur Welt. Mit jedem Kind gesellten sich unerwünschte Pfunde hinzu, die sich immer hartnäckiger weigerten, ihren

Platz zu räumen. Mal nahm ich es gelassener, mal wurmte es mich mächtig. Richtig zufrieden mit meiner Figur war ich nur selten.

Wieder begann ich mich eingehend mit den Grundlagen einer ausgewogenen und gesunden Ernährung für mich und meine Familie und dem passenden Gewicht zu beschäftigen. Auch meine heranwachsenden Kinder, drei von ihnen Töchter, sollten ja möglichst gute Gewohnheiten von mir lernen können. Ich erarbeitete mir einen persönlichen „Schlachtplan", um endlich abzunehmen und mein Wohlfühlgewicht halten zu lernen. Für mich stand fest: Ich wollte wieder in meine normale Kleidergröße passen.

Mein Ansatz: Alles essen, was ich möchte, aber nicht wann und auch nicht so viel wie ich will, sondern wieder lernen, wie es sich anfühlt, Hunger zu haben.

Was funktioniert?

Mein Ansatz: „Alles essen, was ich möchte, aber nicht wann und auch nicht so viel wie ich will, sondern wieder lernen, wie es sich anfühlt, Hunger zu haben." Sättigende Mahlzeiten mit dem Essen, das mir schmeckt – aber nur einen Teller voll. Auch wenn meine Ernährung bisher recht gesund gewesen war, hatte ich mich einfach an zu große Portionen gewöhnt. Außerdem hörte ich auf, zwischen den Mahlzeiten zu essen! Diese simple Regel ließ bei mir die Pfunde purzeln und schon wenige Monate später hatte ich mein Wunschgewicht erreicht. Mein angeschlagenes Selbstbewusstsein erholte sich. Wie aus der Versenkung kam meine schlummernde Spontaneität zum Vorschein und ich traute mir so manche neuen Projekte zu, für die mir vorher der Mut und die Power gefehlt hatten.

Seit ich abgenommen habe, bin ich im doppelten Sinne erleichtert. Ich bin wieder viel beweglicher und schneller geworden. Und die Frage nach der richtigen Kleidung stellt sich nur noch selten, denn alles, was im Schrank hängt, passt mir. Auch das Einkaufen macht wieder Spaß, denn ich muss meinen Modegeschmack nicht mehr dem anpassen, „was ich mir erlauben kann".
Ich kann auch heute nicht essen „ohne nachzudenken", sondern muss darauf achten, dass ich mich ausgewogen ernähre und mir nicht zu viele Extras erlaube, sonst nehme ich zu. Inzwischen reagiere ich schneller bei einem Plus auf der Waage. Wenn die nämlich nach Feiertagen oder einem Urlaub ein oder zwei Kilo mehr anzeigt, beende ich den „Schlendrian" und halte mich an die eben genannten Vorsätze. Meine persönliche Erfahrung ist: In den Zeiten, in denen ich darauf achte, dass mein Gewicht im „grünen Bereich" bleibt, bin ich auch in den normalen Alltagsdingen disziplinierter und zielbewusster. Und ich muss einfach zur Kenntnis nehmen, dass ich beim Essen nicht genauso bedenkenlos „zuschlagen" kann wie manch andere, wenn ich weiterhin schlank bleiben möchte.
Ich begann, Vorträge zum Thema „Körper, Freund oder Feind" zu halten. Da ich mich schon seit Jahren in der christlichen Frauenarbeit engagiert hatte, öffneten sich mir viele Türen.

Berufliche Perspektiven

Ob ich auch beruflich anderen mit meinen Erfahrungen und meinem Wissen helfen könnte? Ich machte einen Testlauf mit meiner Freundin. Sie war gerade wieder einmal frustriert über ihre vielen Pfunde und mehr als bereit, in ihre Veränderung zu „investieren". Wir trafen eine Vereinbarung: Sie würde meine Vorschläge umsetzen und ich würde an ihren Erfahrungen die Praxistauglichkeit überprüfen können. Hauptregel: Es galt wiederzuentdecken, wie es sich anfühlt, Hunger zu haben. Nicht nachfüllen, wenn kein Hunger spürbar ist. Und dann: Drei Mahlzeiten am Tag mit dem Essen, was ihr schmeckte, aber nichts zwischendurch! (Von dieser straffen Regelung bin ich inzwischen abgekommen und finde es durchaus sinnvoll, dazwischen auch einmal ein Stück Obst oder Gemüse zu essen.) Einmal in der Woche trafen wir uns zum gemeinsamen Walking und zum Austausch. Der Erfolg: In nur 10 Wochen zeigte die Waage 18 Kilo weniger an. Meine Freundin war begeistert und ich wagte einen nächsten Schritt: In unserem Gemeindebrief kündigte ich den kostenlosen Probelauf einer Diätgruppe an. Einzige Bedingung war die regelmäßige Teilnahme am wöchentlichen

Treffen und der feste Wille, einige Pfunde zu verlieren. Dieses Projekt lief über 12 Wochen und die ca. 30 Teilnehmer schlossen den Testlauf mit einem „Defizit" von insgesamt 203 Kilos ab. An unserem letzten Abend veranstalteten wir die „große Kleiderbörse" und manche edlen Stücke, die nun einfach nicht mehr passten, wechselten ohne Wehmut den Besitzer.
Heute arbeite ich in meinem Beruf als Diätassistentin und Ernährungsberaterin. Mein großes Faible jedoch ist die Frauenarbeit in den Gemeinden. Mit diesen persönlichen Schwerpunkten kann ich mein Anliegen, Frauen zu ermutigen, und meine fachliche Qualifikation sinnvoll miteinander verbinden.

> Erfolgreich zu sein, setzt zwei Dinge voraus: Klare Ziele zu haben und den brennenden Wunsch, sie zu erreichen.
>
> JOHANN WOLFGANG VON GOETHE

Mit unseren Erfahrungen und unserem Wissen wollen wir Menschen helfen, ihre (ge)wichtigen Probleme nicht auf die lange Bank zu schieben. Denn jeder Monat mit weniger Ballast ist ein Gewinn nach außen und innen.

Lernen, das Beste aus sich zu machen

Manche Frauen sind von Natur aus schön. Mich selber würde ich als durchschnittlich oder „halbwegs passabel" bezeichnen. Eben deshalb lege ich Wert darauf, so gepflegt wie möglich auszusehen. Und nachdem ich mich geduscht, geföhnt und zurechtgemacht habe, bin ich mit dem Endergebnis meist ganz zufrieden. Ab und zu denke ich daran, wie ich aussah, als ich meinen Mann kennen gelernt habe. Immer gut angezogen, frisch und immer gepflegt.
Besonders ihm möchte ich es so leicht wie möglich machen, mich weiterhin attraktiv zu finden.

Gepflegt fühlt man sich besser

Gönnen Sie sich und Ihrem Körper regelmäßige Pflege oder vernachlässigen Sie Ihr Aussehen – nach dem Prinzip: „Das sind ja alles nur Äußerlichkeiten"? Es stimmt schon, dass Gott direkt in unser Herz sieht. Alle Welt hingegen sieht zunächst einmal die „Außenansicht". Ob Sie nun täglich duschen oder nur alle zwei Tage, großes Make-up und Styling oder nur eine getönte Tagescreme auftragen – da spielt die persönliche Vorliebe eine Rolle. Doch mit einem gepflegten Aussehen werden Sie sich gleich auch viel wohler und sogar kompetenter und tüch-

Als ich neulich mit Elke Werner, der Mitbegründerin und Leiterin des Christus-Treffs in Marburg sprach, fiel mir sofort der wunderschöne Ring an ihrer Hand auf, geformt wie eine Krone. „Wow“, dachte ich, „sie ist wohl eine Königstochter!“

Spieglein, Spieglein an der Wand ... – Heike

– Die Macht des Vergleichens

... wer ist die Schönste im ganzen Land?
Was stellte die böse Stiefmutter mit Schneewittchen nicht alles an, damit sie weiterhin die Schönste sein konnte. Sie war sogar bereit, einen Mord zu begehen, nur um der Schönheit willen.

Schlanksein um jeden Preis?

Wenn ich mir manche Frauen anschaue, staune ich nicht schlecht, wie gut gestylt, schlank und adrett sie durchs Leben kommen. Schalte ich den Fernseher ein, begegnen mir makellose Schönheiten, die scheinbar nicht die geringsten Probleme mit Übergewicht haben. Unerreichbar und doch erstrebenswert? Ist es nötig, sich immer mit anderen zu vergleichen? Kann ich nicht einfach ich sein, ohne Wenn und Aber?

Vergiss nie, dass du einmalig bist. So wie jede andere auch.

Kann es sein, dass wir langsam genug haben von diesen unerreichbaren, perfekten Vorbildern, die kein Gramm zu viel Fett auf den Rippen, keinen einzigen Pickel, keine Cellulitis und auch sonst keine Probleme zu haben scheinen? Ich habe sie satt, diese übermenschlichen Ideale, weil sie uns immer nur unter Druck setzen – und sich selbst leider auch.
Ein derart „dünner“ Körper, wie ihn heutige Models haben, lässt sich nur auf Kosten der Gesundheit erkaufen. Voller Entsetzen las ich in einer Zeitschrift über die Essstörung eines bekannten Models und den vernichtenden Kreislauf des Hungerns und Fressens. Gnadenlos wird der Wettkampf: „Wer ist schlanker, schöner, schlauer?“ von den Medien angeheizt.

Der ewige Vergleich

Viele Frauen leiden unter dem Druck, hübsch und schlank sein zu müssen. Die Macht des Vergleichens fing schon zu Beginn der Menschheitsgeschichte an.

Kain erschlug seinen Bruder Abel, weil er eifersüchtig auf ihn war. Denn das Opfer Abels gefiel Gott, das von Kain nicht. Rahel und Lea standen im ewigen Kampf um die Gunst Jakobs. Sie wetteiferten darum, wer die meisten Kinder zur Welt bringen würde. Schönheit dagegen liegt im Auge des Betrachters und fängt dort an, wo der Vergleich aufhört. Aber leider wird in unserer Gesellschaft verglichen. Wie kann man sich davon lösen? Zwei Entscheidungen haben mir geholfen, mich nicht ständig mit anderen zu vergleichen:

Anderen Gutes gönnen

Anderen etwas zu gönnen hilft mir selber, mit mir und meiner Situation zufrieden zu sein. Meiner Freundin zu gönnen, dass sie 10 kg abgenommen hat und in ihrem neuen Abendkleid traumhaft aussieht, lässt mich nicht gleich hässlich aussehen. Warum nicht den anderen Gutes gönnen? Das ist entspannend und lässt mich selber viel entspannter, ausgeglichener und auch schöner wirken.
Betrachten Sie andere Menschen weiterhin, aber ersetzen Sie Ihren Neid durch ehrliche Anerkennung. Ich muss mich nicht mit den anderen vergleichen. Ich kann mich gar nicht vergleichen, weil jeder Mensch von Gott einzigartig geschaffen wurde. Jeder hat seine ganz besonderen Vorzüge von Gott erhalten. Nur weil mein Gegenüber attraktiv, schlank und inspirierend wirkt, bin ich nicht gleich hässlich, dick und langweilig. Holen Sie aus sich das Beste raus, das genügt.

Perfektion ist der Feind des Guten

Ich bin nicht perfekt, aber gut, und gut zu sein reicht mir. Seitdem ich unter diesem Motto lebe, habe ich es leichter. Ich muss nicht ständig nach unerreichbaren Dingen streben, muss nicht die Schlankste, Schönste, Klügste sein. Gut zu sein genügt. Wer erwartet mehr von mir?
Gott hat niemals Perfektionismus von den Menschen verlangt. Ehrliche Demut war ihm immer lieber. Perfektionisten neigen zu Hochmut, den Hochmütigen aber widersteht Gott (1. Petrus 5,5). So habe ich mich in meinem Leben ganz klar entschieden, dass ich niemals perfekt werde und es auch gar nicht werden will. Solange ich nicht perfekt bin, kann Gott immer noch Dinge in und an mir verändern. Ich wähle nicht täglich die perfekten Lebensmittel für das perfekte, gesunde Essen aus. Es gibt auch mal etwas Ungesundes. Ich vergreife mich auch mal an Schokolade oder esse viel zu viel, weil es einfach so lecker ist. Danach bin ich wieder diszipliniert. Nicht perfekt, aber gut. Wenn mir jemand sagt, dass

ich gut aussehe, dann antworte ich schlicht und einfach: „Danke“, und freue mich drüber. Der Entschluss, nicht perfekt sein zu wollen, gibt meinem Leben so viel Entspannung und Leichtigkeit, weil ich nicht im Wettkampf mit mir selber und anderen stehe.

> Das Leben ist ungerecht, aber denke daran: nicht immer zu deinen Ungunsten.
>
> JOHN F. KENNEDY

Frauen – die Glanznummer Gottes – Beate

Mein Sohn hüpfte aufgeregt neben mir her. Wir waren in die Stadt gefahren, um sein erstes Taschenmesser zu kaufen, und waren nun fündig geworden: Ein kleines Schweizer Taschenmesser, sorgfältig in einem hübschen Lederbeutel verpackt. „Mama, was findest du schöner, das Taschenmesser oder die Hülle?" Für ihn war die attraktive Umhüllung mindestens so spannend wie der heiß ersehnte Inhalt. Auch unsere „Hülle" kann sehr dazu beitragen, dass Menschen gespannt darauf sind, uns kennen zu lernen. Die Qualität, die in uns ist, darf man uns ja ruhig auch schon von außen ansehen. Welch angenehme Überraschung für die, die uns näher kennen lernen: Keine Mogelpackung! Sie begegnen einer Frau, die mit sich selber im Einklang ist. Die weiß, sie ist ohne Wenn und Aber geliebt – trotz Fehlern und Macken. Wer sich so annimmt, ist schön, auch wenn die Haare grau werden und sich die ersten Falten zeigen. Im Duden ist Attraktion definiert als Anziehungspunkt, Sehenswürdigkeit, Glanznummer. Attraktive Frauen sind ein lebendiger Magnet, attraktive Christinnen eine Sehenswürdigkeit, ein Aushängeschild Gottes – einfach Gottes Glanznummer.

Wer definiert eigentlich unsere Vorstellung von Schönheit und Attraktivität? Die Gesellschaft? Die Mode- und Kosmetikbranche? Andere Frauen? Männer? Oder Gott?

„Wie stellt sich Gott wohl eine attraktive Frau vor?", geht es durch meinen Kopf. Mir fallen einige Frauen des Alten Testaments ein, deren Aussehen die Bibel erwähnt.

Ester

Königin Ester kam wegen ihrer außergewöhnlichen Schönheit in den Palast des persischen Königs. Ihre äußere Erscheinung eröffnete ihr weit reichende Möglichkeiten. Doch um den ganzen Plan Gottes für ihr Leben und das Schicksal des jüdischen Volkes zu vollbringen, reichte ihre Schönheit nicht aus. Sie musste viele schwere Entscheidungen treffen und charakterliche Vortrefflichkeit beweisen.

Abigajil

Abigajil, meine Lieblingsgestalt aus der Bibel, wird beschrieben als schöne Frau mit einem klaren Verstand (1. Samuel 25). Leider war sie mit Nabal, einem Narren, verheiratet. Nutzte ihr allein ihr gutes Aussehen? Nein! Abigajil entwickelte Königinnenqualität, obwohl ihr Alltag mit Nabal, einem gewalttätigen Trinker, sicherlich von frustrierenden, ernüchternden Erfahrungen geprägt war. Ob Frau eines Narren oder später als die Frau des Königs David – innerlich war sie schon lange vorher eine Königin!

Sara

Abrahams Frau Sara war so schön, dass Abraham sie als seine Schwester ausgab. Er fürchtete, um ihretwillen erschlagen zu werden (1. Mose 12,11). In 1. Petrus 3 wird Sara als Beispiel genannt, wenn es darum geht, Menschen zu gewinnen. Der Abschnitt schildert, welche Eigenschaften und Taten auf andere Menschen ausstrahlen: Nicht in erster Linie ein auffälliges und reich geschmücktes Äußeres, sondern Sanftmut, Reinheit, rechtes Tun, Hartnäckigkeit. Sanft sein heißt eben nicht, willenlos zu sein, sondern ist gezügelte Stärke. Sie können sanft sein – und innerlich eine Löwin!

Manche Menschen lassen unsere Seele tanzen!

Mir fallen Frauen wie Mutter Teresa oder Corrie ten Boom ein. Waren sie schön? Attraktiv? Wenn ich meinen Kindern ein Bild von ihnen zeigen würde, würden sie die enorme Faszination spüren können, die von ihnen ausging?
Es gibt eine Schönheit, die Frauen durch ihre innere Klarheit erhalten haben. Ihre Anwesenheit tut einfach gut. Warum? Es ist wie mit den Röntgenstrahlen. Man kann sie weder sehen noch riechen, und doch gibt es sie. Setzt man sich ihrer Strahlung aus, wird manches sichtbar, was vorher verborgen blieb. Frauen, die von innen her schön sind, haben eine solche Wirkung. Menschen fühlen sich wohl und angezogen von ihrer Gegenwart.

Anja

Anja kenne ich erst seit einigen Jahren. Sie hat in ihrer Stadt ein Frauenfrühstückstreffen ins Leben gerufen und lud mich zu einem Vortrag ein. Während wir durch die Hotellobby gingen, drehten sich alle Köpfe nach ihr – ganz sicher nach ihr – um. Jeder schien sie zu kennen und jeder schien darauf zu warten, ihr einen Gefallen tun zu können oder mit ihr ins Gespräch zu kommen. „Nein“, sie habe keine besonderen Bedingungen dort, erklärte sie mir auf meine erstaunte Nachfrage hin. Sie mietet einmal im Monat einen Veranstaltungsraum im Hotel, doch ganz offensichtlich war sie eine ganz besonders geschätzte Kundin. Sehr ruhig, fast leise, freundlich und doch selbstbewusst nahm sie die Herzen aller dort Beschäftigten für sich ein. Weder war sie auffallend schön, noch war sie exklusiv gekleidet. Doch ihre Ausstrahlung zog die Aufmerksamkeit aller Anwesenden auf sich. „Was für eine attraktive Frau", dachte ich.

Würde und Stil kommen von innen, nicht von außen. Es gibt schicke, tolle Frauen, makellos gepflegt und perfekt gestylt. Doch erhellen sie nicht den Raum, verändern nicht das Klima. Frauen, die von innen schön sind, haben eine Ausstrahlung, die sich nicht mit Kleidern anziehen lässt und die kein Make-up hervorzaubern kann. Innere Ruhe und Zufriedenheit sind Werte, die mehr ins Auge fallen als das richtige Image.

Ich kenne viele attraktive Frauen. Im klassischen Sinne „schön" ist eigentlich keine von ihnen. Was eine Frau wirklich attraktiv macht, ist mehr ihre Ausstrahlung als ihre Schönheit oder die gute Figur. Attraktiv sind Menschen, die sich selber angenommen haben und mit sich im Reinen sind. Deshalb habe ich auch keine Angst vor dem Älterwerden. Frauen, die diese Ausstrahlung besitzen, brauchen nicht dem ewigen Jugendwahn zu erliegen. Für sie ist es möglich, mit 60 Jahren noch attraktiver und charmanter zu sein als damals mit 25.

Marlene

Marlene klingelte an der Haustür und ihr Gesicht strahlte. Wir kannten die 40-jährige Frau nur flüchtig, aber sie hatte eine Idee, von der sie meinem Mann und mir unbedingt erzählen wollte. In Jeans, Sweatshirt und verwuschelten Haaren nahm sie wie selbstverständlich auf unserem Sofa Platz und brachte unseren freien Abend erst einmal durcheinander.

Während sie von ihrem Vorhaben berichtete, leuchteten ihre Augen und ihre Begeisterung und Lebensfreude durchflutete regelrecht den Raum. Als sie gegangen war, fühlten wir uns reich beschenkt. „Was für eine attraktive Frau", dachte ich. Ihre engagierte Persönlichkeit hinterließ eine Spur in meinem Herzen.

Attraktiv ist man, wenn äußerer Schein und innere Wirklichkeit übereinstimmen. Während in der Gesellschaft Wert auf das perfekte Image gelegt wird und man manchmal besser nicht hinter die Fassade guckt, dürfen wir als „Gottes Glanznummer" transparent sein – auch für unsere Umgebung.

Design made in heaven

Wie alt wollen Sie werden, bis Sie sich schön finden? Es ist Zeit, dass Sie sich annehmen und das Design akzeptieren, das Gott Ihnen zugedacht hat. Jede Frau ist verschieden schön und Sie dürfen getrost aufhören, sich mit anderen zu vergleichen.

Einmalig zu sein, ist schön. Sie dürfen erkennen: Sie sind wundervoll!

Wie sieht sie nun aus – eine attraktive Frau?

Claudia Mühlan beschreibt sie in einem Vortrag so: „Sie hat einfach den gewissen Pfiff. Du siehst ihr an, dass sie frei ist und dass sie weiß, was sie will. Und obwohl sie das weiß, fühlt man sich in ihrer Gegenwart wohl. Sie ist gepflegt und hat Humor. Sich mit ihr zu unterhalten, ist eine Bereicherung. Sie kennt weder Selbstmitleid noch Langeweile, sprüht vor Ideen und Kreativität und kann doch zuhören und verschwiegen sein. Sie ist eine Frau, von der Männer sagen: ‚Das ist ja ein interessanter Typ' – und das wegen ihrer Persönlichkeit, nicht wegen der Erotik. Es scheint, als habe sie ein Geheimnis, das man unbedingt kennen lernen möchte."[2]

Ein neues Leben bekommen Sie nicht. Aber ganz regelmäßig einen neuen Tag!

2 Claudia Mühlan, aus: Du schaffst es. Überlebenstraining für Mütter. Asslar: Gerth Verlag, 11. Aufl. 2006.

Gute Gründe abzunehmen – und gute Methoden · Beate

Ist 90-60-90 das Maß aller Dinge?

Ich glaube nicht an ein „Idealgewicht“. Aber ganz sicher gibt es ein Gewicht, das genau zu Ihnen passt! Nicht ein vorgeschriebenes Gardemaß, sondern eines, das für Sie persönlich richtig ist. Und je wohler Sie sich in Ihrer Haut fühlen, desto mehr sieht man Ihnen das auch an. Das richtige Gewicht können Sie nicht allein nach einer Tabelle bestimmen. Hier fließen auch persönliche Voraussetzungen und Ziele ein. Deshalb spreche ich lieber vom Wunschgewicht als vom Ideal- oder Normalgewicht.

Als Diätassistentin sehe ich nicht in erster Linie auf die kosmetischen Auswirkungen der Gewichtsprobleme, sondern auf die medizinischen Folgen: Stoffwechselerkrankungen wie Diabetes und Fettstoffwechselstörungen, ein erhöhter Cholesterinspiegel, Gallenblasenentzündung, Gallensteine, Fettleber, Rücken- und Gelenkbeschwerden, Herz-Kreislauf-Probleme, Störungen der Fruchtbarkeit, Komplikationen bei Geburten, erhöhte Thrombosegefahr – der Katalog ließe sich endlos fortsetzen. Wahrhaftig keine schönen Aussichten! Die Verbesserung der Gesundheit und des Wohlbefindens sind die wichtigsten Gründe, um abzunehmen – das gute Aussehen gibt es sozusagen als Geschenk gratis dazu.

Die Verbesserung der Gesundheit und des Wohlbefindens sind die wichtigsten Gründe, um abzunehmen – das gute Aussehen gibt es sozusagen als Geschenk gratis dazu.

BMI

Um festzustellen, ob Sie wirklich zu viel auf die Waage bringen, genügt meist der ehrliche Blick in den Spiegel. Allerdings ist das subjektive Empfinden um die eigene Figur manchmal getrübt. So erleben wir, dass auch dünne Frauen über ihre dicken Beine jammern. Und begegnen Menschen mit gefährlichem Übergewicht, die keinerlei Veranlassung sehen, ihr Essverhalten zu ändern.

Der Body-Mass-Index, kurz BMI, ist eine von Medizinern und Ernährungswissenschaftlern anerkannte Messmethode für Übergewicht. Der BMI gilt als Richtlinie für ein Gewicht im „gesunden Bereich". Mit seiner Hilfe können Sie feststellen, ob Sie unter-, normal- oder übergewichtig sind.

Die BMI-Formel:

Körpergewicht (in kg) geteilt durch Körpergröße (in m) im Quadrat

Beispiel: Für eine Frau von 1,70 m und 85 kg Gewicht errechnet sich folgender BMI:

85 kg : 1,70 m x 1,70 m = 29,41

Errechnen Sie Ihren BMI:

$$\frac{\text{Körpergewicht (kg)}}{\text{Körpergröße (m)}^2} \quad \frac{= \_\_\_\_\_\_}{= \quad} \quad = \text{BMI} \_\_\_\_\_\_$$

Normalgewicht: 18,5 bis 24,9

Übergewicht: 25,0 bis 29,9

Adipositas (Fettleibigkeit) Grad I: 30,0 bis 34,9

Adipositas Grad II: 35,0 bis 39,9

Extreme Adipositas Grad III: ab 40

Um zu beurteilen, ob Ihr Gewicht gefährlich für Ihre Gesundheit ist, kommt es jedoch nicht nur auf den BMI an. Wichtig ist auch, wo die überflüssigen Pfunde sitzen. Eine bauchbetonte Fettverteilung, der „Apfel-Typ", verstärkt bei Männern zu finden, bedroht die Gesundheit nämlich mehr als eine hüftbetonte Fettverteilung wie beim „Birnen-Typ", der hauptsächlich bei Frauen vorkommt.

Bei Männern besteht bei einem Taillenumfang ab 102 cm, bei Frauen bei einem Taillenumfang ab 88 cm ein deutlich erhöhtes Risiko für Stoffwechselstörungen und andere negative Folgeerkrankungen.

Jede heute nicht getroffene Entscheidung bringt morgen doppelte Denkarbeit.

Wie viel muss ich abnehmen?

Wie viel sollten Sie wiegen? Wie viel müssten Sie abnehmen? Müssen Sie überhaupt?

Warum nicht auch mit dieser Frage zu Gott gehen? Wenn es um Ihre Gesundheit und Ihr Wohlbefinden geht, dürfen Sie immer damit rechnen, dass der, der Sie erschaffen hat, Ihnen auch helfen wird, diese Fragen zu beantworten. Nein, 90-60-90 ist nicht das Maß aller Dinge, sondern dass Sie Ihr Wunschgewicht erreichen – und lernen, es dann zu halten. Verabschieden Sie sich so bald wie möglich von dem Gedanken an Perfektion und lernen Sie Ihre Einzigartigkeit schätzen.

Im Ideenpool des Kapitels „Ein eigenes Programm zusammenstellen" (ab S. 130) geben wir viele praktische Tipps, wie Sie Gewicht verlieren können. Doch schon vorweg: Hüten Sie sich vor Radikalkuren und Blitzdiäten, denn der Jojo-Effekt wird Ihrem Körper sonst mehr zu schaffen machen, als Sie zunächst annehmen.

Frust statt Lust: Diäten und ihr dickes Ende

Dass Diäten keinen bleibenden Erfolg bringen, haben Sie auf ernüchternde Weise sicher schon selber festgestellt. Doch weil die Diätindustrie ständig neue kalorienreduzierte Gerichte und Light-Produkte auf den Markt bringt, erscheint es einleuchtend, die Lösung für Ihre Gewichtsprobleme vom „richtigen Essen" oder der „richtigen Diät" zu erwarten. Die Industrie hat aus unserer Besorgnis um die geeignete Ernährung ein Riesengeschäft gemacht. Wir freuen uns, dass sie das Fett aus dem Käse oder dem Joghurt nimmt – und essen umso mehr davon.

In Wahrheit fördern Diäten und Diätprodukte sogar das Übergewicht. Das Essen bekommt einen enormen Stellenwert. Ist frau doch den lieben langen Tag mit dem beschäftigt, was ihr Probleme macht: mit Essen und ihrem Körper. Und je mehr geplant, gekauft, zubereitet, gekocht und serviert wird, desto größer wird die ungesunde Fixierung auf das Essen und der Stellenwert, den es einnimmt.

Sie stehen morgens auf und überlegen, was Sie wohl essen „dürfen", ohne zu überlegen, ob und wie viel Hunger Sie überhaupt haben. Je intensiver Sie mit Essensplanung, Einkauf, Zubereitung, Servieren und Verzehren beschäftigt sind, desto größer wird die Anziehungskraft, die das Essen bekommt. Wenn wir einer Sache große Aufmerksamkeit widmen, werden wir sie lieben!

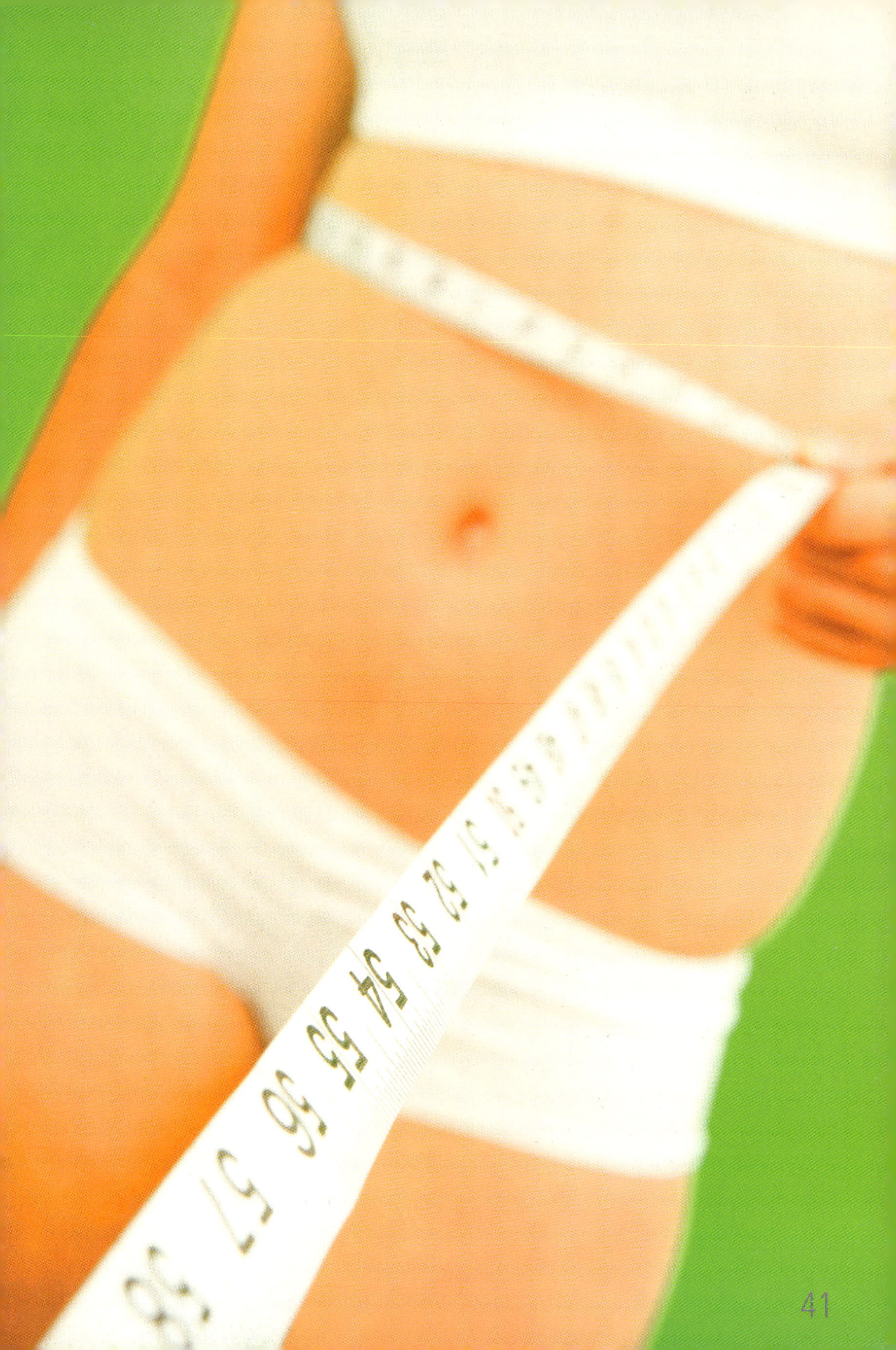
51 52 53 54 55 56 57 58

Fazit: Diäten fördern das Übergewicht! Sie legen die „Verantwortung“ auf das richtige Essen – kalorienarm, fettarm, ballaststoffreich, zuckerfrei – aber nicht auf den Esser.

Die Fixierung muss beendet werden. Der übermäßige Appetit und die dauernde Beschäftigung mit der Frage „essen oder nicht essen“ muss abnehmen und das Vakuum durch etwas anderes, Besseres gefüllt werden. Wir sind mit zwei Leerkörpern ausgestattet worden; dem Magen und dem Herzen. Nicht nur der Bauch möchte zu seinem Recht kommen, sondern auch Ihre Seele und Ihr Herz. Doch darüber mehr im Kapitel „Was gibt meinem Leben Sinn“ (S. 76) unter „Meine Beziehung zu Gott“ (S. 86).

Den Jojo-Effekt durchschauen – Beate

Das Leben ist nicht fair. Denn beim Abnehmen wird Anstrengung und Konsequenz längst nicht immer entsprechend belohnt. Da ist eine Frau, hübsch, gesund – und doch leidet sie inzwischen Tag für Tag unter ihren Gewichtsproblemen. Ihr Körper ist zu ihrem persönlichen Feind geworden. Allmorgendlich die unerbittliche Anzeige der Waage. Fast immer verbunden mit dem Gefühl, einfach ein Versager zu sein. Natürlich – es hat auch andere, gute Phasen gegeben. Das Abnehmen hat über Wochen geklappt und die Waage ihr den ersehnten Erfolg beschert. Sie spürte regelrecht, wie Gott ihr zulächelte. Ihre Familie lächelte, die Freunde, die Umwelt … sie war ein „Erfolg“.

Doch nach wenigen Wochen schon machte sie ernüchternde Erfahrungen. So sehr sie sich auch weiter bemühte – die Zeiger der Waage blieben stehen. Nichts ging mehr. Und legte sie mal einen „normalen" Tag ein, konnte sie sicher sein, das am nächsten Tag als deutliches Plus auf der Waage präsentiert zu bekommen. Die „schlanken" Kleider, die sie gekauft hatte, um ihre Zunahme zu verhindern, ziepten oder gingen gar nicht mehr zu. Ihr Körper schien einfach allen Naturgesetzen zu trotzen und machte aus wenig Essen neue Pfunde – oder waren es die alten? Sie begann, ihre Anstrengung zu verstärken: mehr Sport, weniger Essen, noch mehr Selbstdisziplin. Erfolgreich und beneidenswert in ihren Augen war jede, die „dünner" war als sie. Wochenlang hatte sie sich wieder einmal kasteit, um für einen bestimmten Anlass gut auszusehen. Aber kaum war das erste Etappenziel erreicht, schlug der Zeiger der Waage wieder nach oben aus. Während manche Menschen scheinbar unbekümmert riesige Portionen verputzen können, legte sie bereits nach den ersten „normalen" Tagen wieder an Gewicht zu. Warum bloß? Muss sie denn nun ihr ganzes Leben lang Diät halten? Kein Wunder, dass sie sich manchmal fühlt, als laste die ganze Welt auf ihren Schultern.

Können wir die Faktoren, die unser Gewicht bestimmen, immer kontrollieren oder zu unseren Gunsten verändern? Stimmt es wirklich, dass sie sich einfach nicht genug anstrengt? Nein! Zu schön, um wahr zu sein – genau so sind sie, die Versprechen der Diäten. Es gibt sie hundertfach, und meist lassen sich bereits nach wenigen Tagen beachtliche Erfolge vermelden. Denn wer weniger Kalorien zu sich nimmt, als er benötigt, nimmt ab. Aber leider anschließend auch wieder zu – und oft mit „Zinsen".

> Mit jeder gescheiterten Diät sinkt auf jeden Fall eines: Ihr Selbstbewusstsein.

Viele Übergewichtige essen nicht mehr, sondern inzwischen oft sogar weniger als normalgewichtige Menschen. Bei vielen Dauer-Diätern hat sich der Grundumsatz durch die zahlreichen, vergeblichen Abnahmeversuche so in die Tiefe geschraubt, dass sie wirklich sehr leicht wieder zunehmen. Eine neue Diät, weitere Anstrengungen, noch disziplinierter zu sein, führen nicht mehr zum Erfolg.

Übergewicht ist also keinesfalls immer ein Disziplinproblem! Die einmal angelegten und genutzten Fettzellen tun ihr Möglichstes, um sich rasch wieder zu füllen. Mit jeder Abnahme versucht der Körper entschiedener, das verlorene Fett wieder an seinen Platz zu bringen. Diese wissenschaftliche Tatsache ist ein Trostpflaster für alle, die frustriert das Auf und Ab auf ihrer Waage beobachten. Um ihren Stoffwechsel wieder in Schwung zu bringen, sollten sie in den meisten Fällen mehr essen, nicht weniger, und vor allen Dingen regelmäßig, allerdings vom Richtigen.

Die meisten Diäten sind eine Anleitung zur Fehlernährung und setzen einen negativen Kreislauf mit anschließendem Jojo-Effekt in Gang. Bei jeder Diät wird nämlich nicht nur das unerwünschte Fett abgebaut, sondern zuerst einmal reichlich Wasser ausgeschwemmt und dann auch Muskelmasse abgebaut. Pech für diejenigen, die Gewicht verlieren wollen. Denn Muskeln verbrennen sogar im Ruhezustand mehr Energie und sorgen so für einen höheren Kalorienverbrauch. Kaum ist also die Blitzdiät beendet und die erste „normale" Mahlzeit verspeist, holt sich der Körper schleunigst das eintreffende Nahrungsfett, um seine leeren Fettspeicher neu aufzufüllen. Sein Ziel: Der Vorrat muss wieder stimmen. In den Wiederaufbau der Muskelmasse investiert er zunächst einmal nicht.

Je häufiger Sie Ihren Körper durch Diäten und Hungerkuren verunsichert haben, desto mehr wird er sich vorsichtshalber in den Vorrat packen wollen. Und je unregelmäßiger das Fett kommt, desto mehr „setzt" es an, weil der Körper sich ja nicht auf eine regelmäßige Fettzufuhr verlassen kann.

Sparpolitik, um Sie am Leben zu erhalten

Gott hat unseren Körper so geschaffen, dass wir im Notfall auch mit wenig Nahrung lange überleben können. Der Energieverbrauch kann im Einzelfall bis zu 50% gedrosselt werden. Hat der Körper seine „Sparpolitik" durchgesetzt, nehmen Sie einfach nicht weiter ab, auch wenn Sie nur Miniportionen essen. Ganz entschlossen schaltet er auf Sparflamme, denn er ist bereit, Sie auch während einer längeren Hungersnot am Leben zu erhalten. Die Folge: Nach einer Blitzdiät nehmen Sie auch „blitzschnell" wieder zu und haben es in Zukunft noch schwerer, abzunehmen, weil sich durch den Muskelabbau Ihr Grundumsatz gesenkt hat. Jedes verlorene Pfund Muskelmasse verringert den täglichen Energiebedarf um 50–100 Kalorien. Merke: Jede Diät-Erfahrung wird vom Körper gespeichert und macht es Ihnen in Zukunft schwerer, Ihr reduziertes Gewicht langfristig zu halten.

Mit jeder einseitigen Diät sinkt Ihr Grundumsatz und die anschließende Gewichtszunahme ist vorprogrammiert. Fazit: Viel Mühe für wenig Erfolg!

Den Jojo-Effekt beenden

Aus dem Kreislauf des Jojo-Effekts aussteigen – und den Stoffwechsel in Schwung bringen

Meine wichtigste Empfehlung: Nie wieder Crash-Diäten! Keine Hungerkuren. Keine Fastentage der Figur wegen. Wenn Sie fasten, sollte Ihre Motivation klar sein. Aus gesundheitlichen Gründen „entschlacken", das klassische Heilfasten, ist sicher allgemein gesundheitlich empfehlenswert. Eine Methode, um Gewicht zu reduzieren, ist es nicht. Natürlich können Sie auch fasten, weil Sie einen „geistlichen Hunger" nach der Gegenwart Gottes in Ihrem Leben haben. Ich habe öfters gefastet und es hat meine Sensibilität für die Anliegen Gottes erhöht. Aber auch dieses Fasten ist keine schlaue Methode, so nebenbei ein paar Kilo abzunehmen. Wenn, dann sollte die Motivation Ihr Verlangen sein, mehr von Gott in Ihrem Leben zu sehen.

> Jede Diät-Erfahrung wird vom Körper gespeichert und macht es Ihnen in Zukunft schwerer, Ihr reduziertes Gewicht langfristig zu halten.

Viele Frauen essen aus Angst, zuzunehmen, nur kleinste Portionen. Damit decken sie oft nicht einmal den Grundumsatz ihres Körpers, geschweige denn den Leistungsumsatz, den sie durch zusätzliche Bewegung haben. Mit solchen Mini-Portionen ist ihr Stoffwechsel regelrecht unterfordert und dümpelt auf Sparflamme vor sich hin. Zum einen fährt er die „Notsteuerung" wegen der geringen Kalorienzufuhr, hinzu kommt die Unterforderung durch die geringen Nahrungsmengen, die er zu verarbeiten hat.

Trauen Sie sich

Gerade wenn Ihr Körper bereits ein „Diät-Gedächtnis" entwickelt hat und angesichts eines Nahrungsdefizits den Grundumsatz senkt: Essen Sie sich satt – mit regelmäßigen Mahlzeiten, ausreichendem, aber gemäßigtem Fettanteil und möglichst sättigenden Kohlenhydraten wie Vollkornprodukten, Kartoffeln, Nudeln und viel Obst und Gemüse. Angesichts

stabiler „Einkommensverhältnisse" wird der Körper auf lange Sicht seine Sparpolitik lockern.
Regelmäßige Mahlzeiten helfen Ihnen auch, Heißhungerattacken zu vermeiden. Achten Sie darauf, nicht zu oft in die „Fettfalle" zu tappen, und riskieren Sie möglichst wenige Exzesse beim Fett. Ein ausgewogener Umgang mit Fett macht die Fettzellen kleiner und Sie dünner. Eine gute Möglichkeit, die Abnahme anzukurbeln, ist es, an ein bis zwei Tagen in der Woche etwas weniger zu essen. Dann läuft der Fettabbau trotzdem weiter und der Stoffwechsel kommt auf Touren.

Dinnercancelling – eine Lösung?

Ein chinesisches Sprichwort lautet: „Das Abendessen überlasse deinen Feinden." Dies ist der Ansatz des Dinnercancelling, das lange als Geheimtipp galt. Das Abendessen wird gestrichen – „gecancelt". Zwischen dem letzten Essen am frühen Abend und dem Frühstück am nächsten Morgen sollten 14 Stunden vergehen. Die wissenschaftliche Begründung: Zunächst einmal werden natürlich Kalorien gespart. Zum anderen gerät der Körper durch den vorübergehenden Nahrungsmangel nachts in eine Unterzuckerung und fördert damit die Produktion von Wachstumshormonen und Testosteron. Diese Hormone bauen Fett ab und straffen Haut und Muskeln. Normalerweise kommen diese Hormone nämlich erst in der zweiten Hälfte der Nacht in Fahrt, wenn das Abendessen verdaut ist. Obwohl der Ansatz clever gedacht ist, birgt er die Gefahr in sich, dass Ihr Körper auf „Sparflamme" umschaltet und den Grundumsatz absenkt. Die verträglichere Variante ist es, nur ein- bis zweimal in der Woche auf das Abendessen zu verzichten oder es so leicht verdaulich wie möglich zusammenzustellen; außerdem kann man darauf achten, nicht zu spät abends zu essen.

Bewegung einplanen

Mit zusätzlicher Bewegung bringen Sie die genetische Notsteuerung Ihres Körpers in Bedrängnis. Wenn Sie sich regelmäßig mehr bewegen, bringen Sie Ihren Stoffwechsel in Schwung und verbrennen Fett. Und wenn Sie durch Sport sogar Muskelmasse aufbauen, steigt auch Ihr Grundumsatz wieder. So können Sie, trotz „Vorgeschichte", Ihr Ziel *Wunschgewicht* erreichen.

SIE und IHR KÖRPER[3]

Nicht so sehr das geringer werdende Fettgewebe, sondern Ihre Muskeln sorgen für eine gute Figur.

SIE wiegt 64 Kilogramm und hat die Absicht, ihr Gewicht zu reduzieren. Oberschenkel, Gesäß, Hüften und Taille sollen schlanker werden. Ein neues, eng anliegendes Kleid und der Sommerurlaub sind ihre Motivation.

IHR KÖRPER hat nur eines im Sinn: ihr Leben zu erhalten, um fast jeden Preis. Wie ihre Figur aussieht, ist ihm egal. Er weiß nichts von ihrem neuen Kleid und dem Badeurlaub. Es würde ihn auch nicht interessieren. Er sorgt sich nur um die ausreichende Versorgung aller lebensnotwendigen Systeme.

SIE macht eine 1000-Kalorien-Diät (die allerneueste Illustrierten-Diät), bei der man in 14 Tagen 5 Kilo leichter, schöner und schlanker werden soll. Ihre Bürokollegin „diätelt" mit. Sie ist also nicht allein. Es kann losgehen.

IHR KÖRPER ist von den Socken! Jeden Tag hat sie ihn pünktlich versorgt, er dachte an nichts Böses und nun plötzlich das. Die Nahrungszufuhr wird drastisch gesenkt. Wo er noch gestern genießerisch wählen durfte aus dem mehr als reichlichen Angebot – plötzlich Ebbe …

SIE hat nach 3 Tagen bereits 1,5 kg abgenommen. Ihre Bürokollegin sogar schon 1,7 kg. Sie ist überglücklich. Sie sieht sich schon am Strand und fühlt bereits die bewundernden Blicke auf ihrem neu erschlankten, wohlgeformten Körper ruhen.

IHR KÖRPER hat sich über die ersten paar Tage hinübergerettet. Er hat genügend eingelagert. Er holt sich etwas aus den Fett-Depots, beginnt die Kohlenhydratlager zu plündern und knabbert ein wenig am Muskel-Eiweiß. Nur eines stört ihn: Ihr Grundumsatz liegt bei 1300 Kalorien und einen Leistungsumsatz hat sie ja auch. Er überlegt sich einige Sparmaßnahmen. Er senkt die Körpertemperatur – ihr wird es manchmal etwas kühl – und greift vermehrt zum Muskel-Eiweiß. Denn aus Fett macht sich das Gehirn nichts, aber aus den Eiweißbausteinen kann es sich Gehirnnahrung zusammenbauen. Er geht also ans „Eingemachte"!

SIE freut sich, denn die Waage zeigt nach 6 Tagen bereits 2,5 kg Gewichtsverlust. Sie hat zwar Verdauungsprobleme, weil ihr Darm zu wenig arbeiten

3 Dieser Artikel wurde uns zur Verfügung gestellt von Günter R. Pölzer, staatlich geprüftem Fitnesslehrer und Trainer der National Fitness Academy Austria (NFA). www.fitnessonline.at. Wir haben ihn für unsere Zwecke leicht abgewandelt.

muss und daher träge reagiert. Und außerdem ist sie etwas lustlos, weil ihre Kollegin, nicht ganz so willensstark wie sie, am Wochenende zum Schlemmen verführt worden ist und so heftig gegen ihre Diät verstoßen hat, dass sie wieder bei ihrem Ausgangsgewicht angelangt ist. Aber im Allgemeinen sieht sie sich schon in Kürze rank und schlank …

IHR KÖRPER hat sich völlig auf eine Hungersnot eingestellt. Er spart, wo er kann, reagiert auf Bewegungen äußerst unwillig und seine/ihre geistige Konzentrationsfähigkeit hat nachgelassen. Er baut jetzt regelmäßig und immer intensiver das Muskel-Eiweiß ab, weil ihm die Versorgung der Zentrale – sprich: des Gehirns – eigentlich mehr am Herzen liegt als ihre schlanken Oberschenkel.

SIE hat fast keine Motivation mehr. Zwar hat sie leidvoll nach 8 langen Tagen ganze 3,2 kg abgenommen, aber zu sehen ist es nur dort, wo sie nichts verlieren wollte, im Gesicht und am Busen. An ihren Problemzonen jedoch schwabbelt noch fast alles in voller Größe.

IHR KÖRPER hat inzwischen 1,75 l Wasser verloren, fast 1 kg Muskelmasse und nur 0,5 kg Fett. Er kämpft um ihr Überleben und sie nimmt es gar nicht zur Kenntnis. Sie schaut nur auf die Skala ihrer Waage und in den Spiegel. Und das macht ihn nervös.

SIE hat jetzt endgültig das Handtuch geworfen und die Diät aufgegeben. Damit sie aber die mühsam abgehungerten Kilos nicht wieder draufkriegt, nimmt sie sich vor, etwas weniger als vor Beginn ihrer Diät zu essen. Damit die Schinderei nicht ganz umsonst war …

IHR KÖRPER merkt plötzlich, dass die Nahrungszufuhr wieder steigt, und ist begeistert. Als einer, der gelernt hat, für Notfälle vorzusorgen, beginnt er jetzt noch stärker als vorher Vorräte, sprich Fettdepots anzulegen. Alles, was sie zu sich nimmt, wird bis ins Letzte verwertet. Er holt sich seine Reserven, wo er kann. Er hamstert …! Und wie!

SIE weiß nicht, wie es zugeht. Sie isst weniger als vorher und hat jetzt 3 Wochen nach ihrer Diät vollere Hüften und auch der Po und die Oberschenkel … oh, Schreck!

IHR KÖRPER ist mit sich und der Welt zufrieden. Er ist jetzt besser als je zuvor für Notfälle gerüstet. Er lagert rundherum ein, was nur geht, und kann der Zukunft gut gewappnet ins Auge sehen …

SIE hingegen sieht entsetzt auf der Waage, dass sie ihr altes Gewicht wieder erreicht hat. Und wird trotzdem das Gefühl nicht los, molliger zu sein als vorher. Ihre Kleider sind ihr zu eng, doch die Waage zeigt nicht mehr an als vor ihrer Diät …
IHR KÖRPER hat jetzt mehr Platz für seine Fett-Depots, weil er einen Teil der Muskulatur abgebaut hat. Da aber das weiche Fett ein Drittel mehr Volumen hat als der feste Muskel, hat er eben noch ein wenig erweitert. Er sorgt sich eben um sie …

Kann Gott mir helfen? – Beate

Wie einfach wäre es doch, wenn wir einen „personal trainer“ hätten. Der uns morgens schon ein Glas Wasser hinstellt und uns erinnert, den Tag über genug zu trinken. Der uns mit den Laufschuhen in der Hand zuwinkt und die vereinbarte Strecke sogar mit uns abläuft. Der dafür sorgt, dass unser Essen perfekt auf die Bedürfnisse unseres Körpers abgestimmt ist und uns die fertig zubereiteten Speisen pünktlich und portioniert serviert. Der uns mahnt, langsam zu essen, genug Pausen im Tagesverlauf zu machen, und der uns rechtzeitig zu Bett schickt.

Mit dreißig Jahren und dem vierten Kind schwanger traf mich eine Blitzerkenntnis: Mit diesem Körper würde ich alt werden.

Stattdessen sind wir für all die kleinen und großen Entscheidungen rund um unsere Schönheit und unsere Gesundheit selbst verantwortlich.
Mit dreißig Jahren und dem vierten Kind schwanger traf mich eine Blitzerkenntnis: Mit diesem Körper würde ich alt werden. Keine Chance auf ein Austauschmodell nach einigen Jahren. Mein Lebensstil, meine Entscheidungen und auch meine Versäumnisse würden an diesem Körper unauslöschliche Spuren hinterlassen. Einfach so weiterzumachen wie bisher wäre fahrlässig. Mein Lebenstempo war zu hoch und viele meiner Verhaltensweisen, bewusste wie unbewusste, waren ziemlich ungesund.

Da ich für mich eher einen Langstreckenlauf als einen Sprint ins Auge gefasst hatte, traf ich einige grundsätzliche Entscheidungen:

- Ich möchte mein „Design" akzeptieren und wertschätzen. Schließlich bin ich im Himmel vom Meisterdesigner erdacht worden.
- Ich möchte ausgewogene Essgewohnheiten entwickeln und mich und meine Familie gesund ernähren. Ich möchte mir am Sonntag bewusst Zeit für Gott, für sein Wort und für Gemeinschaft mit anderen Christen nehmen.
- Ich möchte die 2/3-Regel beachten, die besagt: Auf Dauer leistungsfähig und gesund bleibt, wer seine körperliche und seelische Leistungsfähigkeit nur zu zwei Dritteln ausschöpft. Ein Drittel Kraftreserven brauchen wir für kritische Ereignisse, unvorhergesehene Belastungen und kurzfristige Hochleistungen.
- Ich möchte lernen, Nein zu sagen. Denn wer nicht lernt, Nein zu den Anfragen aus seiner Umgebung zu sagen, wird immer wieder nein zu den eigenen Bedürfnissen und denen der Familie sagen müssen. Ich möchte lernen zu delegieren und Eigenverantwortung in meiner Familie und meinem Aufgabenbereich fördern.
- Ich möchte mir Zeit nehmen, im Heute zu leben. Ich will nicht so zielorientiert sein, dass nur der Tag des Ergebnisses zählt. Jeder Tag muss auch einzeln lebenswert sein.
- Ich möchte jeden Tag etwas zu lachen haben. Die Bibel sagt, dass ein frohes Herz gut tut wie Medizin (Sprüche 17,22).
- Ich möchte gesunde Freundschaften pflegen, weil sie mir helfen, innerlich stabil und intakt zu bleiben.
- Ich möchte „die Sonne nicht untergehen lassen", ohne mit den Menschen meiner Umgebung im Reinen zu sein, denn mein Körper soll nicht die Folgen von Bitterkeit und Unversöhnlichkeit tragen müssen.
- Ich möchte am Abend meine Anliegen an Gott abgeben und in seinem Frieden einschlafen.

Diese einfachen Vorsätze kann ich leicht überprüfen. Und scheitere täglich in einem oder mehreren Punkten. Aber sie helfen mir, meinem Ziel, gesund und glücklich zu sein, auf der Spur zu bleiben.

Tu deinem Körper Gutes, damit deine Seele Lust hat, darin zu wohnen.

TERESA VON AVILA

In der Bibel finden wir nicht gerade viel Konkretes zum Thema Gesundheit und noch weniger zum richtigen Körpergewicht. Allerdings wird unser Körper dort mit einem Haus verglichen (2. Korinther 5,1-10). Wenn wir ein Wohnhaus nicht instand halten, kommt irgendwann einmal eine Rieseninvestition auf uns zu. Genauso verhält es sich mit unserem Körper.

Ich las vor einiger Zeit die Biographie der Erdmuthe von Zinzendorf, der Frau des Begründers der Herrnhuter Brüdergemeinde, deren Körper durch die vielen Geburten und ihr anstrengendes, aufopferndes Leben schon mit fünfzig Jahren so ausgezehrt war, dass sie schrieb, ihre „Hütte" wolle nicht mehr so recht. Wie sollen wir uns denn um unsere Hütte kümmern?

Je besser wir den menschlichen Organismus verstehen, desto mehr erkennen wir: Gott, unser Schöpfer ist ein Genie. Unser Körper verfügt über phantastische Signale wie Hunger, Durst und Müdigkeit. Diese Funktionen können – und das gilt auch allen Essgeschädigten – mit Gottes Hilfe wieder ins Lot kommen.

Falls Sie glauben, Ihr Leben sei erst dann „lebenswert", wenn Sie es geschafft haben und endlich schlank(er) sind, dann löschen Sie diese falschen Gedanken aus. Falls Sie annehmen, Ihr Wert steige mit sinkender Kilozahl, decken Sie diese Lügen auf und freuen Sie sich schon heute ungeniert Ihres Lebens. Um Gewicht zu verlieren, müssen Sie mit Ihrem Körper zusammenarbeiten, nicht gegen ihn. Er ist Ihr Freund, nicht Ihr Feind. Er ist ein Geschenk – „Masterdesign" made in heaven.

Beginnen Sie, das zu schätzen, was Gott an Ihnen schätzt: sich selbst! Für Gott sind Sie jetzt schon die Traumfrau. Er liebt Sie so, wie Sie heute sind. Weigern Sie sich hartnäckig, auf Ihre angeblichen Defizite zu starren, und seien Sie sicher: Sie sind der Knüller! Keine andere Frau ist wie Sie. Als „Gottes Glanznummer" haben wir die Möglichkeit, falsche Urteile, Minderwertigkeitsgefühle, Vorurteile zu durchbrechen und aller Welt zu zeigen: Auch mit Makeln und Macken, mit Falten und Speck sind wir als Frauen wertvoll, schön und in jedem Fall liebenswert.

> Falls Sie annehmen, Ihr Wert steige mit sinkender Kilozahl, decken Sie diese Lügen auf und freuen Sie sich schon heute ungeniert Ihres Lebens.
>
> TERESA VON AVILA

Bitten Sie Gott um Hilfe, um zerstörerische Gedanken und schädliche Verhaltensweisen überhaupt erst einmal zu entdecken. Bringen Sie Ihre Unzufriedenheit, Ihre Wünsche, Ihre Pläne vor Gott. Besprechen Sie Ihre Strategie für eine Ernäh-

rungsumstellung auch mit ihm und bitten Sie um seinen Segen. Sie können sich darauf verlassen: Ihm ist es wichtig, dass es Ihnen gut geht! Sie wünschten sich einen Coach? Jesus ist immer für Sie da – mit liebevoller Unterstützung, sanfter Ermahnung und jeder Menge Trost. Er ist Ihr Freund, Ihr Coach, Ihr Bodyguard – Ihr Gott!

- **Finden Sie Ankerplätze, wo Gott zu Ihrem Herzen reden kann.**
- **Für manche ist das die Tasse Cappuccino nach dem Mittagessen mit einer Praline und ein paar Minuten Stille.**
- **Für andere das Walken am frühen Morgen – Luft und Ruhe tanken, die Gedanken lüften und das Leben in Ihrem Körper spüren.**
- **Für manche ist es der Lieblingssessel im Wohnzimmer mit Bibel, Notizblock und Stift auf dem Beistelltisch.**
- **Für andere das Mitsingen und Tanzen zur neuen Lieblings-CD.**
- **Schaffen Sie Oasen mitten im Alltag, wo Sie auftanken können.**

Mein Essverhalten

Glaubt man den Medien, brauchen Sie nur die Markenartikel aus der Werbung zu kaufen und schon sind Sie leicht, schön, schlank, und können so bleiben, wie Sie sind. Nie sehen Sie dicke Mütter in der Fernsehwerbung, die ein Fertigprodukt auf den Tisch bringen. Selbst diejenigen, die für die Fastfood-Ketten Reklame machen, haben wohlproportionierte Körper. Wie kommt es dann, dass so viele Menschen mit dem Essen und den unweigerlichen Gewichtsproblemen zu kämpfen haben?

> Angewohnheiten kann man nicht aus dem Fenster werfen; man muss sie die Treppe hinunterboxen, Stufe für Stufe!

Wo stehen Sie?

Gehören Sie zu den Schlanken, die immer am Kalorienzählen sind, um bloß kein Gramm zuzunehmen? Oder ist Ihnen Ihre Figur gerade egal? Sie essen, weil es schmeckt, und um Kalorien machen Sie sich keine Gedanken. Oder sind Sie eine der Frauen, die ständig Diät halten, immer wieder zunehmen, wieder Diät halten, und das schon Ihr Leben lang? Kann es sein, dass Sie die Kontrolle über Ihr Essverhalten verloren haben?

Wann haben Sie die Kontrolle über das Essen und das Essverhalten verloren?

- **Ich denke fast den ganzen Tag über an Essen und an meine Figur.**
- **Ich kann abends nicht fernsehen, ohne etwas zu essen.**
- **Wenn ich lese, esse ich meistens dabei.**
- **Ich esse während des Autofahrens.**
- **Ich habe kein Sättigungsgefühl und kann riesige Mengen verschlingen.**
- **Ich bekomme regelmäßig extreme Essanfälle, die ich nicht kontrollieren kann.**
- **Auch wenn ich mir vornehme, weniger zu essen, werde ich immer wieder schwach.**

- **Ich kann keine offene Packung Schokolade, Chips etc. liegen lassen, ich muss sie leer essen.**
- **Ich mache mindestens 3-mal im Jahr eine Diät.**
- **Nach einer Diät nehme ich meist alles wieder zu, oft sogar noch mehr.**
- **Ich treibe exzessiv Sport, um Kalorien zu verbrennen (exzessiv = unmäßig, übertrieben).**
- **Ich versuche, mein Essverhalten zu verschleiern und geheim zu halten. Am liebsten esse ich alleine.**
- **Ich provoziere ein Erbrechen des Essens, um nicht zuzunehmen oder abzunehmen.**
- **Ich habe das Gefühl, meinem desolaten Essverhalten total ausgeliefert zu sein (Versagergefühle).**
- **Ich nehme Abführmittel, Entwässerungsmittel und Appetitzügler, um mein Gewicht zu regulieren.**

Wenn Sie mehrere dieser Fragen mit „Ja" beantwortet haben, ist es möglich, dass Sie in gewissem Maße die Kontrolle über das Essen verloren haben. Aber Sie sind nicht die Einzige. Ich persönlich kenne kaum eine Frau, die keine Probleme mit dem Essen hat. Die eine mehr, die andere weniger. Wenn Sie sich fragen, ob ihr Verhalten bereits krankhaft ist und einer ärztlichen und/oder therapeutischen Hilfe bedarf, dann lesen Sie bitte auch die Beschreibungen der meistverbreiteten Essstörungen am Ende des Kapitels durch. Im Anschluss daran finden Sie auch Adressen und Internetlinks, über die Sie zu einem Ansprechpartner für Ihr Problem finden können.

Gott ist jemand, der deine Vergangenheit versteht, an deine Zukunft glaubt und dich jetzt schon liebt, wie du bist.

Zu Gott dürfen Sie mit allem kommen

Das Wichtigste ist aber: Zu Gott dürfen Sie kommen, wie Sie sind, mit all Ihren Fehlern, Süchten und falschen Verhaltensweisen. Wir meinen oft, dass wir Gott nicht mit so etwas Profanem wie unserem Essverhalten kommen dürften. Dass es schließlich schlimmere, dringendere Dinge gibt, um die er sich kümmern muss. Dass ihm letztendlich unsere Figur sowieso egal ist und er sich eher von uns distanziert, wenn wir unsere Schönheit in den Vordergrund stellen.

Ich bin sicher, dass es Gott nicht gefällt, wenn unser Aussehen das Wichtigste in unserem Leben wird, aber auch das würde er uns verzeihen. Ich glaube, dass er uns liebt und uns Gutes tun möchte. Er will, dass es Ihnen gut geht! Wenn Sie die Kontrolle über das Essen verloren haben und sich ständig damit beschäftigen, geht es Ihnen aber nicht gut – und genau da möchte er Ihnen helfen.
Mit seiner Hilfe können Sie Ihre Ernährung und auch Ihr Essverhalten verändern. Ohne Diät, aber mit einer wohldosierten Ernährungs- und Verhaltensumstellung, kombiniert mit regelmäßiger Bewegung. In dem Bewusstsein, dass Gott Ihnen helfen möchte, Ihr Essverhalten wieder in den Griff zu bekommen.

Geduld

Um den richtigen Umgang mit Essen wieder zu erlernen, ist allerdings Geduld gefragt. Sie werden einige Ihrer alten Gewohnheiten ablegen müssen und sie durch neue, gute Gewohnheiten, die Sie Ihrem Ziel näher bringen, ersetzen.

> Große Siege werden durch Mut errungen, größere durch Liebe, die größten durch Geduld.
>
> PETER ROSEGGER

Überlegen Sie einmal, wie lange Sie Ihre „Ungewohnheiten“ schon praktizieren. Ein paar Wochen, Monate, oder sind es sogar schon Jahre? Wie lange wird es dauern, sie umzustellen? Sicherlich nicht nur zwei Wochen. Haben Sie Geduld mit sich und geben Sie nicht gleich auf, wenn es nicht beim ersten Mal klappt. Es ist noch kein Meister vom Himmel gefallen, aber eine ganze Reihe Menschen haben durch Ausdauer und Fleiß ihren „Meister“ geschafft.

Gewohnheiten

Können Sie sich erinnern, wie oft Sie als Kind ans Zähneputzen erinnert wurden? Die meisten täglich und das über Jahre, bis sie es selbstständig taten. Eine gute Gewohnheit! Fragen Sie sich heute noch täglich: „Putze ich meine Zähne oder lasse ich es?“ Sicher nicht. Es ist eine gute Gewohnheit geworden. Genauso lange, wie wir brauchen, um uns Dinge anzutrainieren, brauchen wir, um sie uns wieder abzugewöhnen. Wenn Sie schlechte Essgewohnheiten haben, die Sie verändern möchten, ist es zunächst wichtig zu überlegen:

- Was ist mein Ziel?
- Wie möchte ich meine schlechte Gewohnheit in den Griff kriegen?
- Wo fange ich an?
- Was ist mir am Wichtigsten?

Antworten Sie möglichst konkret auf diese Fragen. Gehen Sie Dinge einzeln an: Suchen Sie sich eine Verhaltensweise heraus, bei der Sie sicher sind, dass Sie die Kontrolle verloren haben, und dann üben Sie, üben Sie, üben Sie. Immer wieder. Möglichst immer zur selben Zeit, am selben Ort, auf die gleiche Weise. Auch wenn Rückschläge kommen: Es macht nichts. Auch als Kind haben Sie das Zähneputzen mal vergessen, und heute können Sie es doch.

Eine weit verbreitete schlechte Angewohnheit ist z. B. das schnelle Essen. Das Sättigungsgefühl setzt meist erst nach 20 Minuten ein. Dadurch ist ein Zuviel meist schon vorprogrammiert. Von heute auf morgen legt man dieses Verhalten aber nicht einfach ab. Langfristig gesehen kann man sich das langsame Essen angewöhnen, indem man mehrmals das Besteck weglegt, zwischendurch ein Glas Wasser trinkt, lange kaut und das Essen mit allen Sinnen genießt. Das muss über Wochen bewusst geübt werden, bis es in Fleisch und Blut übergeht. Dann passiert es automatisch.

Als mein Mann meine Freundin Manu kennen lernte, waren wir zusammen essen. Hinterher erzählte er mir, man merke, dass sie aus gutem Hause käme. Auf die Frage, woran er das festgestellt habe, antwortete er, sie esse so langsam. Später erzählte ich ihr davon und sie fing herzhaft an zu lachen. Vor ihrer Abnahme, sagte sie, hätte sie das Essen verschlungen. Während sie ihre Ernährung umstellte, habe sie sich mit der Zeit angewöhnt, langsamer zu essen, und jetzt sei es für sie selbstverständlich. Also, geben Sie nicht auf, Sie werden es schaffen.

Normales Essverhalten – ist das möglich? – Beate

Und wenn, kann ich es jemals wieder erlernen?

Durch die Erfahrungen mit „meinem" Jahr Magersucht bin ich sensibel dafür geworden, wenn Frauen unter einem gestörten Essverhalten leiden. Und ich sehe um mich herum viele Frauen, denen die Normalität beim Essen abhanden gekommen ist.

Ob die utopischen Vorbilder aus den Medien der Auslöser waren, hämische Bemerkungen von Verwandten und Freunden, Diäten seit den frühen Jugendjahren oder das eigene Streben nach „perfekter" Schönheit – der Diätwahn hat für ein Heer von Frauen gesorgt, für die Normalität schlichtweg unmöglich ist.

Meine Schwachstelle: „Stress-Essen"

Meine Sensibilität ist meine Warnblinkanlage. „Essen" wird immer eine Schwachstelle sein, die imstande ist, mich „aus dem Tritt" zu bringen. Am kritischsten sind die Situationen, in denen ich gestresst bin und unter Druck stehe. Meine „normale" Reaktion darauf heißt nämlich: mindestens zwei Käsebrote oder was der Kühlschrank sonst an Essbarem hergibt. „Nordic eating"(Essen vor dem Kühlschrank) nenne ich das heute – Essen, bis sich das Gefühl einstellt, abgefüllt zu sein. Weil mein „normales" Essverhalten in Stress- und Drucksituationen immer noch erheblich von dem abweicht, was gut für meinen Körper und meine Psyche ist – hinterher fühle ich mich nämlich alles andere als großartig – überlege ich mir gerade hierfür „neue Muster".

Alte Gewohnheiten ersetzen

Immer schon ging ich beim Nachhausekommen zuerst einmal in die Küche und machte mir eine Kleinigkeit zu essen. Heute gehe ich immer noch in die Küche – aber ich habe mir angewöhnt, zuallererst ein großes Glas Wasser zu trinken und mir außerdem gleich Wasser für einen Cappuccino oder eine heiße Brühe aufzusetzen. Dann kann ich noch ein Stück Obst essen – die Versuchung, mir schon vor der nächsten richtigen Mahlzeit eine Art „Zwischenmahlzeit" zu genehmigen, rückt so erst einmal in die Ferne.

Wer schreit denn heute schon, wenn er sich unter Druck fühlt? Druck kompensiere ich am liebsten mit Essen. Als eine Art Belohnung, dass ich so viel Druck vertragen habe! Der volle Magen signalisiert meinen strapazierten Nerven: „Wenigstens bist du schon mal satt."

Wer wie ich Essen zum Entspannen einsetzt, braucht wie ich „neue Muster", denn die nächste Herausforderung kommt bestimmt.

Zunächst habe ich es nicht wahrhaben wollen, aber es stimmt: Bewegung hilft Stress abzubauen und entkrampft. Ein schneller Gang zum Briefkasten statt mit dem Auto, die Runde um den Block, um „die Gedanken zu lüften", zehn Minuten Auszeit auf dem Heimtrainer oder Trampolin – jede Bewegung zählt. Der Versuchung, mit Essen Druck abzubauen, laufe ich so davon. Es stimmt: Es ginge viel besser, wenn wir mehr gingen.

Es ginge viel besser,
wenn wir mehr gingen.

HUNGER?
WIRKLICH?
1. WASSER
2. OBST
3. PAUSE
4. WIEDERKOMMEN

Gerade wenn ich von einem Zuviel an Arbeit oder Herausforderungen überreizt bin, wechsle ich heute schneller die Kulisse. Essen wäre die Abwechslung nach „meinem Geschmack". Langeweile und nicht kanalisierte Rastlosigkeit sind bei mir tückisch. Wähle ich die Ruhepause, lädt sich das kulinarische Trostpflaster geradezu mit ein. Pause und Essen sind noch als „Geschwisterpaar" abgespeichert. Deshalb lenke ich meine Aufmerksamkeit auf völlig andere Gebiete – surfe im Internet, arbeite an meiner Website, gönne mir Zeit für mein Hobby, mache einen Gebetsspaziergang. Ich bin begeistert, wie viel man auch mit 45 noch lernen kann und wie viele Türen sich auftun, wenn man sich nur traut, aktiv statt passiv zu sein.

Ist nun normales Essverhalten möglich?

„Ist nun normales Essverhalten möglich?", fragen Sie mich. Ich muss zugeben: Ich weiß es nicht. Für Menschen, für die zu viel oder zu wenig Essen nie ein Problem war, erübrigt sich die Frage. Menschen, die unter Essstörungen gelitten haben oder viele Jahre übergewichtig waren, werden jedoch oft eine Sensibilität behalten und diesen Bereich als ihr persönliches Trainingsfeld erleben.

Aber ja, es ist möglich, dass Essen die Kontrolle über Ihr Leben verliert. Es ist möglich, dass sich nicht länger alles um Essen, Abnehmen und Ihre Figurprobleme dreht! Es ist möglich, aus dem Kreislauf von Frust- und Stressessen herauszukommen und ein neues Essverhalten zu erlernen. Es ist möglich Gewicht zu verlieren und das neue Gewicht zu halten. Ganz von alleine geht es nicht, aber ganz sicher ist: In Ihnen liegen alle Fähigkeiten, Ihr Ziel zu erreichen. Und wenn Sie wollen, können Sie dazu jederzeit „himmlische Hilfe" in Anspruch nehmen.

Gute Gewohnheiten – ein Erfahrungsbericht

Mein Name ist Andrea, ich bin 36 Jahre alt, glücklich verheiratet und habe zwei Kinder im Grundschulalter. Nach jeder Geburt habe ich 10 Kilo behalten und schließlich waren 20 Kilo zu viel auf den Rippen. Da war ich wirklich selber dran schuld. Ich weiß, woher sie kamen. Eigentlich weiß es ja jeder, oder?

Ich habe jetzt 20 Kilo abgenommen und manchmal wundere ich mich, wie schnell sie gepurzelt sind. Wo sie saßen, weiß ich schon, da brauche ich nur die Fotos vom letzten Jahr anzuschauen. Im Dezember wog ich 94 kg bei 1,80 m Größe, da musste ich einfach die Notbremse ziehen. Meine Hauptregel: Wiederzuentdecken, wie es sich anfühlt, Hunger zu haben. Nie nachfüllen, wenn ich keinen Hunger hatte. Und dann: Drei Mahlzeiten mit dem Essen, das mir schmeckte. In den ersten 2 bis 3 Wochen meiner Abnahme fühlte ich mich oft schlapp und war müde und hungrig. Aber ich dachte mir: „Da muss ich jetzt durch. Jetzt – gerade jetzt geht es ran an den Speck". Die Vorstellung, das sich mein Körper vielleicht gerade einen „Snack von meinen Hüften holt", hat mich gleich wieder fröhlicher gemacht. Mit 74 Kilo (juhu!) fühle ich mich schon um einiges wohler und beweglicher. Ich habe gelesen, dass man erst dann von dauerhaftem Erfolg reden kann, wenn man mindestens ein Jahr sein neues Gewicht gehalten hat. Soweit ist es bei mir ja noch nicht, aber ich habe mir fest vorgenommen, dass ich meine neuen Gewohnheiten beibehalte.

Ich habe mich auch wirklich schon an kleinere Mahlzeiten gewöhnt und esse nicht mehr so fettreiche Sachen. Außerdem habe ich ein besseres Gefühl dafür bekommen, wann ich satt bin. Sie brauchen aber nicht zu glauben, dass die Umstellung zu weniger und bewussterem Essen so einfach und locker ging, wie sich das vielleicht so liest. Oft erlebte ich Tage, an denen ich viel zu viel aß. Da hatte ich zum Beispiel einen echt „süßen Tag" mit vielen Nutella- und Honigbroten, Schokolade und allem, was man eigentlich nicht essen soll. Ich hatte abends ein ziemlich schlechtes Gewissen und mir war auch richtig schlecht. Den nächsten Tag hab ich das auch gleich auf der Waage gemerkt und mich noch mal furchtbar über mich geärgert. Aber was soll's! Der Tag war gelaufen und man kann es nicht rückgängig machen.

Den nächsten Tag hatte ich dann noch so ein Völlegefühl und aß überhaupt nichts. Das ist zwar auch nicht unbedingt eine gesunde Ernährung, aber es war halt so. Das Wichtigste ist, dass man solche „Fresstage" nicht einplant, sonst fällt man schnell wieder in die alten Gewohnheiten zurück.

Auf alle Fälle trinke ich sehr viel Wasser (ca. 3–4 l pro Tag), das ich mir auch oft mit einem Schuss Apfelessig verfeinere. Ich bewege mich jetzt auch viel mehr. Inzwischen bin ich vom Walken zum langsamen Laufen übergegangen und kann jetzt schon eine ganze Stunde langsam laufen. Noch vor einem halben Jahr hätte ich mir nicht träumen lassen, dass ich auch nur fünf Minuten joggen kann. Ich versuche, dreimal in der Woche zu laufen. Ich glaube aber, wenn man noch zu viele Kilos auf den Rippen hat, ist es wirklich besser nur flott zu gehen (Walken), weil die Hüfte und die Knie sonst darunter leiden.

Vor dem Aufstehen mache ich im Bett noch Gymnastik (5–10 Min.): Rad fahren, Bauchmuskelübungen – das tut echt gut und der Tag beginnt schon viel fröhlicher. Vor dem Frühstück trinke ich ein großes Glas warmes Wasser mit Apfelessig oder Zitrone. Zum Frühstück gibt's eine große Tasse Kaffee und ein Marmeladenbrot oder eine Semmel (Brötchen!). Vormittags schaffe ich eigentlich keine Zwischenmahlzeit, da nutze ich die kinderfreie Zeit zum Joggen, Aufräumen oder Einkaufen. Mittags esse ich mit den Kindern. Nachmittags gibt es Obst, Gemüse oder Joghurt. Zu Abend esse ich bis spätestens 19 Uhr (18 Uhr wäre natürlich besser und dann ist Schluss). Früher habe ich immer noch ein zweites Abendessen eingenommen, wenn mein Mann um 20 Uhr oder um 21 Uhr gegessen hat, aber das habe ich jetzt natürlich gestrichen.

Nun zum „inneren Schweinehund", der sich am Abend meldet! So hab ich es gemacht: Vor dem Griff zu Naschereien schnell ins Bad und Zähne putzen – das erfrischt! Wenn ich abends auf der Couch lag und der

Magen knurrte, habe ich einfach mal alles der Reihe nach angespannt: Arme, Po, Bauch, Füße, Brust; dann die Spannung ein paar Sekunden gehalten. Ich hatte gleich das Gefühl, mich sportlich betätigt zu haben. Wenn alles nichts hilft, trinke ich ein großes Glas Wasser und gehe ins Bett. Wenn man dann nicht gut schlafen kann, weil man Hunger hat, muss man sich immer sagen: „Da geh ich jetzt durch. Das nächste Frühstück kommt bestimmt." Ich war aber oft erstaunt, wenn ich mit richtigem Hunger ins Bett gegangen bin, dass ich zum Frühstück gar nicht so viel Hunger hatte.
In einem schlauen medizinischen Buch habe ich gelesen, dass die vorhandenen Fettzellen nicht verschwinden, sie warten nur darauf, wieder gefüllt zu werden. Eigentlich ganz schön gemein, oder? Aber Selbstmitleid hilft ja nicht. Also müssen wir dauerhaft weniger essen, damit die Fettzellen nicht mehr gefüllt werden. Ich habe mir ganz fest vorgenommen, auch in Zukunft weniger und bewusster (fettärmer) zu essen und mich weiterhin viel zu bewegen. Es tut auch einfach gut. Bleibt dran, es lohnt sich wirklich.

Durchhalten! – Heike

Auf die Frage, wie ich es schaffe, mein Gewicht zu halten, kann ich nur antworten: „Ich kämpfe immer, aber ich habe mich entschieden, das mit meinem Wohlfühlgewicht zu tun."

Kämpfen muss ich immer, die Frage ist nur, mit welchem Gewicht.

Letztendlich werden Sie immer darauf achten müssen, Ihr aktuelles Gewicht zu halten. Ob das bei 62 kg oder 125 kg liegt.
Das Zunehmen hört nämlich leider nicht auf. Wenn Sie nicht bereit sind, Ihre Ernährung umzustellen, werden Sie nicht aufhören zuzunehmen. Man wiegt nicht irgendwann 100 kg, und dann war's das. Indem Sie immer mehr Kalorien zu sich nehmen, als Ihr Körper verbraucht, sich nicht bewegen und auch noch zu fett und zu süß essen, werden Sie immer weiter zunehmen.
Mit Entsetzen stellen Sie fest, dass die Hosen schon wieder nicht passen und der Zeiger der Waage gnadenlos nach oben steigt. Sie entschließen sich zu einer Diät, nehmen hinterher wieder zu, und das wird Ihr Leben lang so weitergehen. Sie werden ewig mit Ihrem Gewicht kämpfen und dabei unzufrieden und unglücklich sein. Denn Ihr Wunschgewicht haben Sie ja nicht erreicht.
Warum dann nicht lieber ein Leben lang mit dem Gewicht kämpfen, mit dem Sie sich wohl fühlen? Ob das jetzt 62 kg oder 82 kg sind: Sie entscheiden! Dieser Gedanke wird Ihnen helfen durchzuhalten. Wenn Sie in ein Motivationsloch fallen, dann überlegen Sie sich genau dies: Sie entscheiden. Sie werden immer kämpfen. Es kommt keine gute Fee vorbei, die ihren Zauberstab schwingt und

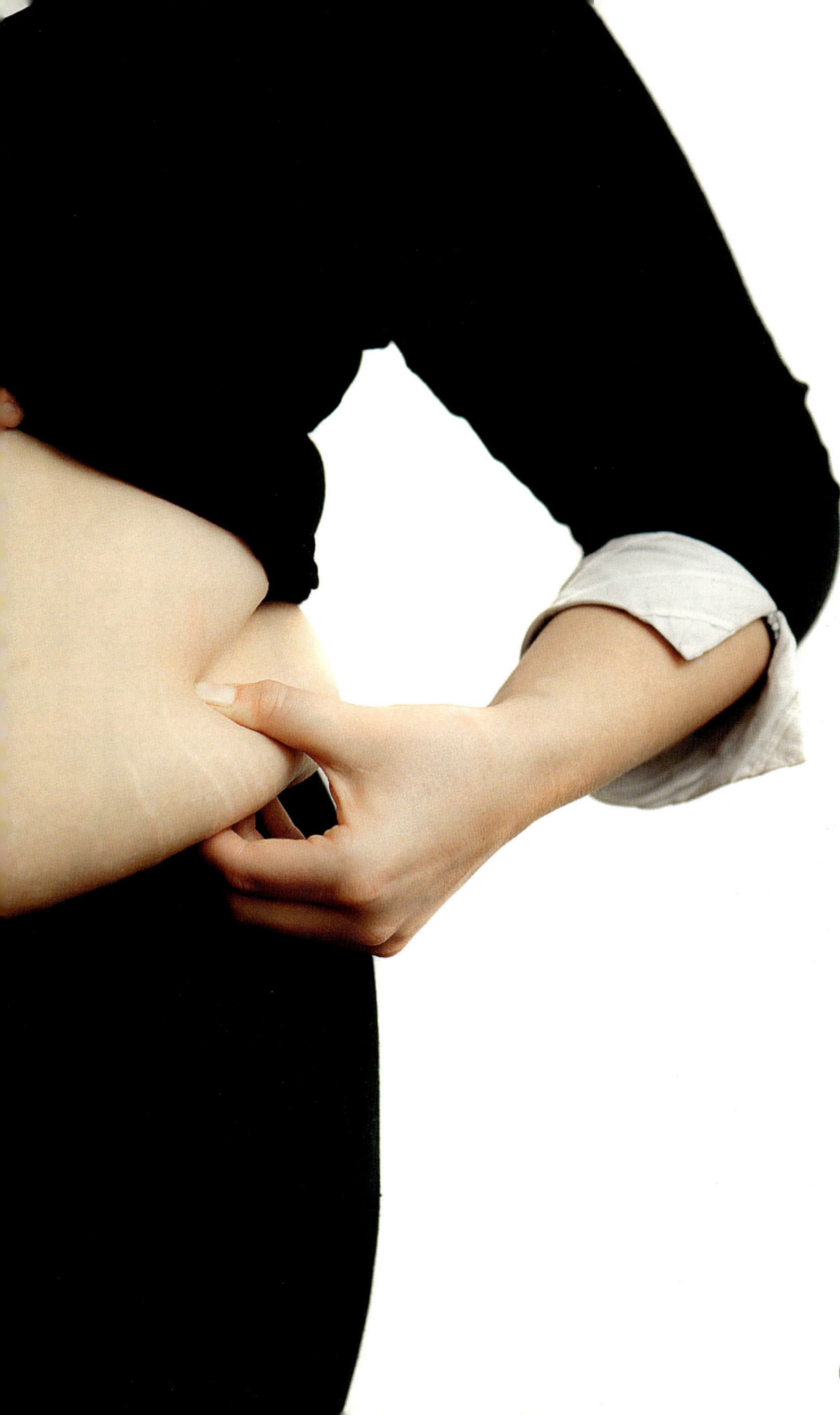

sagt: „Ab heute bist du schlank, und du wirst es immer bleiben." Es liegt in Ihrer Hand. Sie selber entscheiden Tag für Tag, wie Sie aussehen möchten. Auch wenn es nicht immer einfach ist, auch wenn es Rückschläge gibt – Sie werden es schaffen. Sie können Ihr Ziel erreichen. Danach geht es weiter, denn es gilt, dieses Gewicht zu halten. Das heißt, dass Sie all die erlernten Gewohnheiten beibehalten müssen. Also: weiterhin Sport treiben, weiterhin das Fett dosieren, die Süßigkeiten reduzieren, auf die Portionsgrößen achten.

„Ich habe auch schon so oft versucht abzunehmen und doch alles wieder zugenommen." Wie oft höre ich solche Aussprüche von Frauen, die ihr Ziel aus den Augen verloren haben. Natürlich, wenn Sie in alte Verhaltensweisen zurückrutschen, werden Sie immer wieder zunehmen.

Die Herausforderung ist also nicht nur da, wenn Sie Ihr Gewicht reduzieren möchten, sondern genauso, wenn Sie schlank sind. Diese Erkenntnis soll Ihnen helfen, sich dann doch lieber zu entscheiden, mit Ihrem Wohlfühlgewicht zu kämpfen. Sie werden immer darauf achten müssen, nicht wieder zuzunehmen, nur mit dem Unterschied, dass Sie sich in Ihrer Haut wohl fühlen, selbstbewusster sind und wissen, wie Sie Ihr Gewicht halten können.

Verändern Sie nichts, dann werden Sie bei Ihrem jetzigen Gewicht nicht stehen bleiben, es wird immer mehr und mehr und mehr. Dann geht die Diät von vorne los.

Das Geheimnis meines Erfolgs

Auch ich bin nicht immer diszipliniert, auch mir schmeckt in Stresssituationen die Schokolade, auch ich gönne mir mal ein Essen „ohne drauf zu achten" im Restaurant, das deftige Essen bei einer Freundin oder auch mal die Tüte Chips vor dem Fernseher. Aber ich weiß genau, dass ich dieses Verhalten nicht über einen langen Zeitraum beibehalten darf. Dann nämlich nehme ich auch wieder zu, ohne aufzuhören. Im rechten Moment die Notbremse ziehen, wenn ich merke, das alte Verhalten schleicht sich wieder ein – das ist mein Geheimnis. Spätestens nach drei Kilo Zunahme wieder diszipliniert essen, die fetten, süßen und dick machenden Sachen reduzieren.

Also, Kopf hoch, geben Sie nicht auf. Sie werden Ihr Ziel erreichen, aber Sie entscheiden, welches Gewicht Sie künftig haben möchten. Sie werden wissen, dass Sie Ihr Leben lang mit dem Gewicht, Ihrer Verhaltens- und Ernährungsumstellung kämpfen werden. Aber es wird Ihnen gelingen, Schritt für Schritt.

Silvester im traumhaften Abendkleid – Manus Geschichte

Vor nun schon sieben Jahren beschloss ich an einem Einkaufsnachmittag in der Umkleidekabine eines Kaufhauses: Ich werde abnehmen! Noch heute erinnere ich mich an das deprimierende Gefühl, als sich die Jeans in Größe 44 nicht schließen ließ. Ich fand mich fett und hässlich, hatte ich doch bis dahin noch nie 88 Kilo auf die Waage gebracht!

Am Abend vorher hatte mir mein Mann von seiner attraktiven, schlanken, 22-jährigen Sekretärin erzählt. Eigentlich nur in einem Nebensatz, doch meine Phantasie schlug sofort Kapriolen, und ich malte mir schlimme Szenen aus!

Hinter mir lagen die ersten anstrengenden Erziehungsjahre mit meinen drei sehr temperamentvollen Jungen, die ich zum Teil alleine bewältigen musste, da mein Mann im Ausland arbeitete. Abends, wenn die Rasselbande endlich im Bett lag, belohnte ich mich mit einem schönen Buch und Süßigkeiten. Das hatte ich mir verdient und es machte die abendliche Einsamkeit erträglicher! Besonders fehlten mir die „erwachsenen" abendlichen Gespräche mit meinem Mann. Mit Wehmut dachte ich an meine ersten erfolgreichen Berufsjahre als Lehrerin zurück, die ich mit der Geburt des dritten Kindes erst einmal beendet hatte. Die Kinder waren alle gewünscht, und doch hatte ich mir die Mutterschaft einfacher vorgestellt. Mein Selbstwertgefühl war eindeutig im Keller!

Eine Bekannte, die durch konsequente Ernährungsumstellung abgenommen hatte, war mein Vorbild. Ihr Programm sprach mich an und ließ sich mühelos in meinen Alltag integrieren. Ich hatte nie Hunger und nahm in der ersten Woche gleich 2,6 Kilo ab. Motiviert und diszipliniert lebte ich nach den Vorgaben und konnte mich so Woche für Woche über Abnahmeerfolge freuen. Ich meldete mich in einem Fitnessstudio an und begann nach langer Pause wieder mit dem Sport. Es macht Spaß, sich dort ein- bis zweimal die Woche auszupowern, und ich hatte auch wieder viel mehr Lust, mit den Kindern etwas zu unternehmen und meinen Haushalt zu schaffen. In neun Monaten nahm ich 25 kg ab und trug wieder meine Traumgröße 38. Dies habe ich nicht durch eine Diät geschafft, sondern weil ich meine Ernährung komplett und auf Dauer umgestellt habe. Das war die einzige Möglichkeit, mein Gewicht weiterhin zu halten. Ich fand einen kleinen Nebenjob, der mich einen Tag pro Woche aus dem Familienalltag herausholte. Das tat mir sehr gut, außerdem lernte ich dort Heike Malisic kennen. Es entwickelte sich die engste Frauenfreundschaft, die ich je hatte. Wir haben in den vergangen acht Jahren unendlich viel miteinander erlebt und voneinander gelernt. Durch sie bin ich zum Glauben gekommen, der meinem Leben einen ganz neuen Sinn gegeben hat. Das Thema Essenslust und Essensfrust beschäftigt uns immer wieder, und wir helfen uns gegenseitig, wenn die andere gerade mal wieder Probleme damit hat. Im letzten Jahr zogen wir gemeinsam mit unseren Familien nach Süddeutschland, aber das ist eine andere Geschichte. Obwohl ich mit der Ernährungsumstellung lebe, das Programm „im Schlaf beherrsche" und mehr oder weniger regelmäßig Sport treibe, fällt es mir nicht leicht, mein Gewicht zu halten.

Ich muss mich immer wieder neu entscheiden, was ich will. Will ich bei schlechtem

Wetter joggen gehen oder lieber auf dem Sofa sitzen? Manchmal bevorzuge ich das Sofa! Will ich bei der dritten Einladung diese Woche auch noch das Dessert essen? Manchmal ja – weil es einfach zu lecker ist!
Bei Stress und Frust greife ich auch nach 7 Jahren noch zur Milka. Leider! Ich habe einfach nicht in allen Lebenssituationen den Willen zu widerstehen! Das habe ich erkannt und akzeptiert. Nach unserem Umzug habe ich schleichend 10 Kilo zugelegt und sie mit Blazern so gut kaschiert, dass es nicht mal meine Freundin Heike gemerkt hat. Aber im Urlaub am Strand gab es dann keinen Blazer mehr und ich musste mich der Wahrheit stellen. Damit kam auch die lange vermisste Motivation zurück. Noch im Urlaub begann ich endlich wieder diszipliniert zu leben, joggte am Strand entlang, und führte das auch zu Hause fort. So nahm ich in 9 Wochen 12 Kilo ab. Jetzt fühle ich mich wieder wohl in meinem Körper, will in Zukunft bei 3 Kilo mehr schon die Notbremse ziehen und mich nicht mehr mit kaschierenden Sachen selbst betrügen. Silvester trug ich ein traumhaftes Abendkleid und fand einmal mehr den Standardspruch meiner Freundin Heike bestätigt: „Nichts schmeckt so gut, wie Schlanksein sich anfühlt!"

Wo Disziplin allein nicht hilft: die wichtigsten Essstörungen – Beate

Wenn Sie nicht nur in schlechten Gewohnheiten gefangen sind, sondern sich alle oder fast alle Konflikte und Glücksgefühle Ihres Lebens in Verbindung mit Essen ereignen, dann wird eine Ernährungsumstellung und das Ablegen schlechter Alltagsgewohnheiten allein nicht mehr helfen. Im Folgenden stellen wir einige der wichtigsten krankhaften Essstörungen kurz dar. Wenn Sie sich an einer Stelle dieses Abschnitts wiederfinden, sollten Sie unbedingt fachliche Hilfe in Anspruch nehmen. Am Ende des Kapitels finden Sie außerdem einige Adressen und Internetlinks, die Ihnen weiterhelfen.

Magersucht (Anorexia nervosa)

Merkmale:

- Häufiges Wiegen bzw. Vor-dem-Spiegel-Stehen
- Extremes Hungern, bei länger andauernder Magersucht auch Essanfälle mit anschließendem Erbrechen
- Exzessives Sporttreiben bis zur Erschöpfung
- Starker Leistungswille und großer Ehrgeiz
- Hochgefühle, Gefühle der Euphorie und Stärke

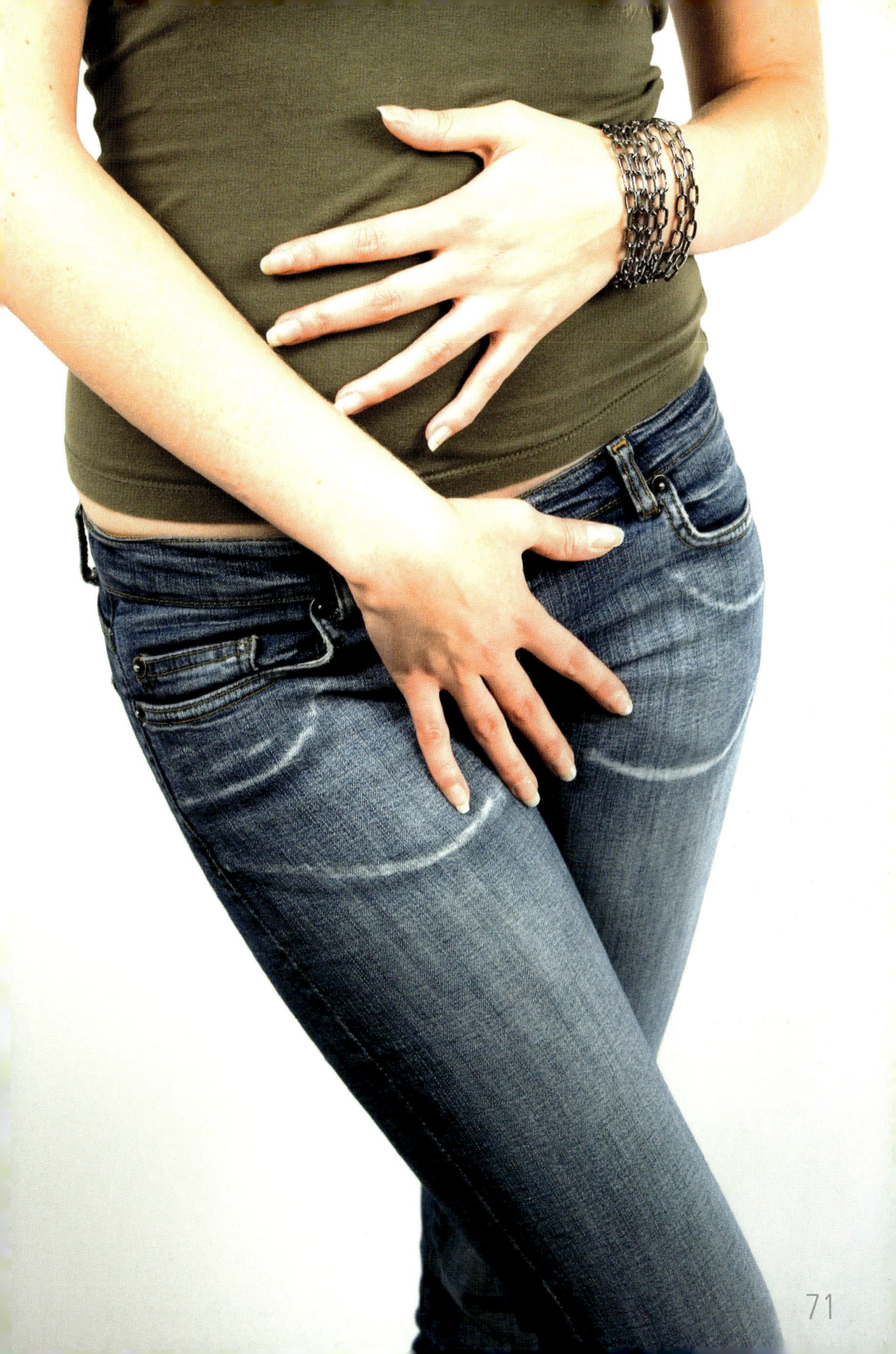

- Kontroll- und Vergleichszwang
- Rückzug aus dem Freundeskreis, Isolation
- Keine Krankheitseinsicht
- Verzerrte Selbstwahrnehmung
- Ausbleiben der Regelblutung
- Gelegentlich Selbstverletzungen

Körperliche Folgen:

- Unterkühlung
- Herzrhythmusstörungen
- Hypertrophie (Vergrößerung) der Speicheldrüsen
- Lanugobehaarung (Starke Behaarung am Körper als Folge ständigen Frierens)
- Verzögerte Magenentleerung
- Ödeme
- Verstopfung und Polyurie (krankhafte Vermehrung der Harnmenge)

Spätfolgen:

- Chronische Magen- und Verdauungsprobleme
- Atrophieren (Schrumpfen) der Organe
- Osteoporose
- Durch Herzschäden kann es zum plötzlichen Tod kommen

Die Prognose der Magersucht ist unvorhersehbar: Während rund 50 % vollständig genesen, sterben bis zu 20 % der Erkrankten an Auszehrung oder durch Selbstmord. Nicht selten geht Magersucht in Bulimie über.
Verbreitung in Deutschland: Mindestens ein Prozent der 14- bis 25-Jährigen; jede/r Siebte ist ein „Risikofall". Anteil männlicher Betroffener 5 bis 10 Prozent.

Ess-Brech-Sucht (Bulimia nervosa, Bulimarexie)

Merkmale:

- Essanfälle mit anschließendem provozierten Erbrechen
- Missbrauch von Abführmitteln, Entwässerungsmitteln und Appetitzüglern, aber auch rigoroses Fasten
- Ständige Beschäftigung mit Figur, Gewicht, Essen, panische Angst vor dem Zunehmen

- Extreme Minderwertigkeitsgefühle
- Scham- und Schuldgefühle
- Verheimlichung und Verschleierung des Verhaltens (Tricks werden angewandt), Rückzug, Isolation
- Gefühle der Ohnmacht, des Ausgeliefertseins, Depressionen
- Gestörte Körperwahrnehmung
- Störungen der Regelblutung

Körperliche Folgen:

- Hypertrophie (Schwellung) der Speicheldrüsen
- Zahnschäden
- Menstruationsstörungen bis hin zur Amenorrhoe (völliges Ausbleiben der Regelblutung)
- Geschwüre auf dem Handrücken
- Elektrolythaushalt kommt durcheinander (Kalium- und Magnesiummangel)

Spätfolgen:

- Herzmuskelschäden bzw. Herzrhythmusstörungen
- Risse in Speiseröhre und Magen
- Chronische Magen- und Verdauungsprobleme

Seelische Folgen der Bulimie sind in der Regel Schamgefühle und Selbsthass. Depressionen wie auch Suizidgedanken und -versuche zählen zu den Begleiterscheinungen dieser Krankheit. Personen, die an Bulimie leiden, müssen nicht dünn, sondern können auch normal- oder übergewichtig sein.

Verbreitung in Deutschland: Drei bis vier Prozent der Mädchen und Frauen zwischen 15 und 35 Jahren, also drei Millionen, leiden an Bulimia nervosa, davon sind 90 bis 95 % weiblich. Die Dunkelziffer ist sehr hoch.

Ess-Sucht (Binge-Eating-Disorder)

Merkmale:

- Regelmäßig extreme Essanfälle, Kontrollverlust beim Essen
- Essen als Ersatz für unerkannte und unerfüllte Bedürfnisse, Essen als Trost
- Starke Minderwertigkeitsgefühle

- Vermeiden des Blicks in den Spiegel
- Gefühl, dem Essen hilflos ausgeliefert zu sein, Versagensgefühle
- Häufiger Fernsehkonsum und Bewegungsmangel
- Entzugserscheinungen, wenn kein Essen in der Nähe ist
- Ausgegrenztsein und Rückzug in sich selbst
- Tief sitzende Angst vor Auseinandersetzung

Folgen:

- Vorerst keine körperlichen Schäden
- Seelische Folgen durch Ausgrenzung
- Depressionen und Suizidgedanken

Spätfolgen:

- Bluthochdruck
- Diabetes
- Gelenkschmerzen
- Herzkrankheiten

Verbreitung in Deutschland: Schätzungen liegen bei 17 Prozent. Es gibt eine hohe Dunkelziffer. Wie viele Betroffene es tatsächlich gibt, ist schwer abzuschätzen, da der Übergang von zügellosem Essverhalten zur krankhaften Esssucht fließend ist.

In den letzten Jahren ist eine weitere Form der Essstörung zu beobachten:

Orthorexie

Es kommt zu einem regelrechten Zwang, sich gesundheitsbewusst zu ernähren. Die Betroffenen planen ihre Mahlzeiten nach einem selbst auferlegten „Diätplan“ für mehrere Tage im Voraus. Aus Furcht vor „falschem Essen“ nehmen sie möglichst ihre eigenen Lebensmittel beim Ausgehen mit. Brechen sie ihre innerlichen „Abmachungen“, fühlen sie sich schuldig und bestrafen sich mit strikteren Essensregeln. Im Gegensatz zu den Magersüchtigen steht bei den betroffenen Personen nicht die Menge, sondern die Qualität der Lebensmittel im Vordergrund.

Adressen:

DICK und DÜNN
Beratung bei Essstörungen, Berlin
Telefon: 030/8544994
www.dick-und-duenn-berlin.de

Frankfurter Zentrum für Essstörungen
Hansaallee 18
60322 Frankfurt
www.fz-ess-stoerungen.de

Anonyme Esssüchtige
Postfach 106206
28062 Bremen

Bundeszentrale für gesundheitliche Aufklärung BZGA
Anonyme Telefonberatung unter 0221/892031
www.bzga-essstoerungen.de
(dort sind Beratungsstellen für ganz Deutschland aufgeführt)

ANAD e.V. pathways, München
Telefon: 089/2199730
www.anad-pathways.de

Aktionskreis für Ess-und Magersucht e.V. Cinderella, München
Telefon: 089/5021212
www.cinderella-rat-bei-essstoerungen.de

Quelle: Referat „Essstörungen" von Dorothea Völker, 2006

Was gibt meinem Leben Sinn? Heike

Wozu leben wir?

Kennen Sie den Sinn Ihres Lebens? Oder sind Sie immer noch auf der Suche nach der totalen Erfüllung? Das Empfinden, unausgefüllt zu sein, treibt uns immer wieder zu Höchstleistungen an und setzt uns immer wieder unter Druck. Selbst wenn wir bestimmte Dinge im Leben erreichen, ist dieser Hunger der Seele noch nicht befriedigt. Das führt oft zu ewigem Unzufriedensein und wird nicht selten mit übermäßigem Essen beantwortet. Wie bereits beschrieben, sind wir mit zwei Leerkörpern ausgestattet, dem Herzen und dem Magen. Beide müssen gefüllt werden und zu ihrem Recht kommen. Bin ich ständig und nur darauf fixiert, meinen Magen zu füllen, mich mit der Frage „essen oder nicht essen" auseinander zu setzen, ist das ein sicheres Zeichen dafür, dass meine Seele hungert und nicht satt zu bekommen ist, weil sie keine Nahrung erhält.

Folgenden Text las ich vor ein paar Jahren in einer Modezeitschrift:

Fit, jung, stark, belastbar und durchsetzungsfähig – ganz klar: Wir leben in einer Leistungsgesellschaft, die solche Eigenschaften auf der Qualitätsskala ganz oben ansiedelt. Bewunderung und Anerkennung gehören den Aktiven, die überall voll punkten, scheinbar mühelos jede Hürde nehmen und auf der Fitnesswelle schwimmen. Echte Powertypen eben, für die Worte wie „schlapp oder müde" nicht existieren.

Genau das ist das Bild, dem Frauen zu entsprechen haben: fit, jung, schlank, stark, belastbar, schön, durchtrainiert, ausgeglichen. Eine liebevolle, fürsorgliche und doch erotische Ehefrau mit Bilderbuchkindern, in einem geschmackvoll eingerichteten, immer hübsch dekorierten Einfamilienhaus mit Garten, allzeit gestylt mit modernem Outfit, natürlich schlank, sportlich aktiv, mehrere Hobbys, immer gut gelaunt, hilfsbereit, engagiert in Kindergarten, Schule und im Förderverein.

Wir werden in den Medien keine gestressten Mütter und Hausfrauen finden, die im Chaos versinken, keine Frauen mit Übergewicht und Essproblemen, keine Frauen, die Probleme in der Ehe oder auf der Arbeit haben. Der Kaffee in light, die Schokolade mit gesunder Milch, und schon schwebe ich wie die Werbedamen davon. Uns wird suggeriert, dass wir das alles schaffen können, wir müssen nur wissen wie. Anstrengen, abstrampeln, die neueste Zeitschrift mit der neuesten Lösung kaufen, dann ist das Ziel erreichbar, das doch nur in immer weitere Ferne rückt. Wir setzen uns immer mehr unter Druck, einem unerreichbaren Ideal zu genügen, und dann wundern wir uns über unsere Esssüchte, die nichts anderes sind als der Versuch, unsere hungrige Seele zu stillen.
In dem Text aus der Frauenzeitschrift hieß es weiter:

> Halt! Bevor Sie jetzt der totale Frust überkommt: Auch Sie können sich auf maximale Vitalität und Leistungsfähigkeit programmieren! Und müssen dafür nicht Ihr ganzes Leben umkrempeln. Nur ein bisschen Ihre Ernährung verändern, denn dort stecken die Stoffe, die Ihnen Gesundheit, Frische und Kraft geben.

Vermeintliche Lösung

Gesunde Ernährung und regelmäßige Bewegung sind in jedem Fall wichtig für den Körper, für die Seele, ja sogar für den Geist. Aber das alleine lässt uns nicht zu einer inneren Ruhe und Entspannung kommen und kann niemals allein Sinn unseres Lebens werden. Wenn das so einfach wäre, dann gäbe es nicht so viele Frauen, die Probleme mit Essen, Übergewicht und anderen Süchten haben. Woche für Woche stehen solche Texte mit jeweils anderen Lösungen in einer anderen Zeitschrift. So sind die Medien voll von diesem Leistungsdruck und den vermeintlichen Lösungen von gesunder Ernährung, fernöstlichen Sportangeboten, natürlichen Heilmethoden, Entspannungstechniken etc.

> Der Markt ist groß. Ständig gibt es etwas Neues, das ausprobiert werden will, aber unsere Seele findet keine Ruhe.

Frauen probieren alle möglichen Dinge aus, um ausgeglichen zu sein und dem Alltagsfrust zu entkommen. Tatsächlich findet man aber selten Frauen, die damit glücklich werden, dafür viele, die sich immer wieder neu auf die Suche begeben. Der Markt ist groß. Ständig gibt es etwas Neues, das ausprobiert werden will, aber unsere

Seele findet keine Ruhe. Und so landen wir wieder bei der schnellen und machbaren Entspannung: beim Essen. Vom Idealbild entfernen wir uns dadurch aber noch mehr. Das Leben wird zum Frust, wirkliche Freude und Entspannung für Seele und Geist rückt in weite Ferne.

Ruhe finden

„Unruhig ist meine Seele, bis sie Ruhe findet in dir, o Gott." So brachte vor vielen Jahren der Kirchenlehrer Augustinus (354–430 n.Chr.) das Grundproblem der Menschheit auf den Punkt.

Der Mensch ist, so wie die Bibel es sagt, auf die Gemeinschaft mit Gott hin geschaffen, und tief im Inneren bewegt die Sehnsucht danach jeden Menschen, auch wenn er es nicht wahrnimmt. Weder Besitz noch Geld noch Einfluss, Ehre oder Macht können diese innere Leere füllen. König Salomo brachte dies so zum Ausdruck:

Es ist alles sinnlos und bedeutungslos, unnütz und bedeutungslos – ja, es ist alles völlig sinnlos. Was hat ein Mensch davon, wenn er sich sein Leben lang müht und plagt? Generationen kommen und gehen, doch die Erde ändert sich durch die Zeiten nicht. Wir haben vergessen, was damals geschehen ist. Und in einigen Jahren wird man sich nicht mehr an das erinnern, was wir jetzt tun.

Ich vollbrachte Großartiges: Ich baute mir Häuser und pflanzte Weinberge. Ich legte Gärten und Parks an und ließ alle Sorten Obstbäume setzen. Ich sammelte das Wasser in Teichen, um damit meine vielen Bäume zu bewässern. Ich häufte Gold und Silber in meiner Schatzkammer an, die Schätze vieler Könige und Provinzen. Doch als ich alles prüfend betrachtete, was ich mir mit meinen Händen erworben hatte, und die Mühe dagegenhielt, die ich darauf verwendet hatte, merkte ich, dass alles sinnlos war. Es war so unnütz wie der Versuch, den Wind einzufangen. Es gibt keinen bleibenden Gewinn auf dieser Welt. Ich verzweifelte fast, als ich mir alle Mühe und Arbeit vor Augen hielt, die ich mir hier auf der Erde gemacht hatte.

Gott hat allem auf dieser Welt schon im Voraus seine Zeit bestimmt, er hat sogar die Ewigkeit in die Herzen der Menschen gelegt.

Prediger 1,2-4.11; 2,4-6.8a.11.20; 3,11a (Neues Leben)

Auch König Salomo erkannte schon, dass aller Besitz auf Erden nicht glücklich macht. Er wusste, dass nichts Bestand hat außer Gottes Ewigkeit. Die innere Sehnsucht nach dem, was ewig ist, lässt den Menschen suchen. Tief im Inneren ist jeder Mensch auf der Suche.

Es ist so einfach

Gott will diese innere Sehnsucht des Menschen stillen, indem er uns begegnet. Diese tiefe Begegnung zwischen Gott und Mensch kann jedoch nur geschehen, wenn der Mensch bereit ist, diese Begegnung zuzulassen.

Ist die Beziehung zu Gott angeknackst, oberflächlich oder gar nicht existent, wird immer eine Leere in mir sein, die ich zu füllen versuche.

Gott hat Sie so geschaffen wie Sie sind, auf die Gemeinschaft zu ihm hin. Geben Sie Ihrer inneren Sehnsucht nach und laden Sie ihn in Ihr Leben ein. Zu ihm dürfen Sie kommen, wie Sie sind, mit all Ihren Schwächen und Fehlern. Er liebt Sie bedingungslos, ohne dass Sie etwas dafür tun müssen. Bei ihm bestehen Sie immer, ohne voll punkten zu müssen. Wenn Sie aufhören, Ihr Leben dem anzupassen, was andere von Ihnen erwarten, und sich stattdessen nach dem richten, was für Gott zählt, wird Essen einen anderen Stellenwert für Sie bekommen. Bei ihm sind Sie wertvoll, egal wie viele Kilos Sie wiegen; er liebt Sie, weil er Sie zur Gemeinschaft mit ihm geschaffen hat. Wie Sie eine ganz persönliche Beziehung zu Gott beginnen können, wird am Ende des Buches beschrieben im Kapitel „Machen Sie das Beste aus Ihrem Leben“ (S. 205).

Zu erkennen, dass meine innere Sehnsucht von Gott gestillt werden kann, hilft mir auf dem Weg, Flügel zu bekommen und leichter durch das Leben zu fliegen.

Eine unglaubliche Liebesgeschichte

Es war einmal ein Prinz. Er war wunderschön und klug. Er verfügte über großen Besitz und alle Macht. Der Prinz lebte mit seinem Vater in einem Palast. Eines Tages sagte er: „Vater, ich wünsche mir eine Prinzessin." – „Gut", sagte der Vater, „du hast die Macht. Schaffe dir diese Prinzessin." Der Prinz hatte diesen Gedanken schon lange in seinem Herzen getragen – und so schuf er dich. Er formte dein Gesicht, wählte die passende Augenfarbe, er setzte jedes Haar an deinen Körper. Voller Sorgfalt schuf er jeden Teil deines Leibes. Als er fertig war, war er begeistert. „Schau, Vater", sagte er, „so sieht meine Prinzessin aus!" Auch der Vater blickte voller Wohlwollen auf dieses gelungene Werk. „Und nun soll sie auf die Erde geboren werden, meine Prinzessin", sagte der Prinz. „Sie soll erleben, wie es auf der Erde ist, und ich werde ihr zeigen, wer ich bin und wie ich bin."

Nun vertraute der Prinz dich einem Elternpaar an. Er wusste, sie würden nicht vollkommen sein. Aber er sagte: „Vater, eines Tages werde ich ihr erklären, wie sehr ich sie liebe. Alles, was sie in ihrem Elternhaus nicht bekommen konnte, werde ich ihr doppelt und dreifach geben." Und dann wurdest du geboren! Der Prinz stand an deinem Bett und war überglücklich. „Vater, da ist sie! Meine Prinzessin ist da!" (Sogar den Engeln gebot er zu schweigen, weil sie so laut jubelten, als du erschienst.) „Meine Prinzessin", flüsterte der Prinz. „Es kommt der Tag, an dem du erfährst, wie sehr ich dich liebe. Und dann wirst du dein Herz öffnen und auch du wirst mir sagen, wie sehr du mich liebst. Darauf warte ich." Er gab dich deinen Eltern zurück und sie zogen dich auf.
Du wurdest älter und erlebtest gute und weniger gute Tage. Dann kam eine Situation, die sehr schmerzlich für dich war. Du weintest. Am liebsten hätte der Prinz dir jetzt schon gesagt, dass er alles wieder in Ordnung bringen würde, aber du liefst vor seinem Trost davon und wolltest nicht zuhören. „Es kommt der Tag, da sage ich ihr, dass ich jede Träne von ihrem Gesicht abwaschen werde und alles Zerbrochene wieder heil machen werde. Dass ich alles wiederherstellen werde, was kaputtgegangen ist. Und sie wird mich verstehen." Und der Tag kam. Du warst niedergeschlagen, aber an diesem

Tag hörtest du Worte, die tief in dein Herz drangen. Und dann sagtest du zu dem Prinzen: „Jesus, hier bin ich, komm in mein Leben."
Dieser Tag war der glücklichste Tag für den Prinzen. Er jubelte: „Sie hat ja gesagt. Sie hat Ja gesagt!" Er zog dich an seine Brust und flüsterte: „Nun werde ich dir zeigen, wie sehr ich dich liebe. Nun werde ich dir erklären, was ich mit uns vorhabe."
Am liebsten hätte der Prinz dir gleich alles erzählt, doch sein Vater sagte: „Langsam, mein Sohn. Sie kann noch nicht alles verstehen." Der Prinz stand geduldig an deiner Seite. Jede Freude, jeden Schmerz, jede Träne, jedes Glück, alles empfand er mit dir. Er behütete dich wie einen Schatz.
Auch jetzt, gerade jetzt, wo du seine Worte liest, will er dir sagen: „Du bist meine Prinzessin!
Ich liebe dich! Du bist unendlich wertvoll. Ich bin so stolz auf dich. Ich liebe dich. Ich finde dich wunderschön. Ich habe noch großartige Pläne für dich. Ich habe Begegnungen vorbereitet mit Menschen; Dinge, die du vollbringen wirst; Feste, die du feiern wirst. Und immer will ich mit dir reden wie ein Freund zur Freundin, wie ein Bräutigam zur Braut."

Das ist die wahre Liebesgeschichte zwischen Ihnen und Jesus, eine Geschichte, die gerade erst richtig begonnen hat. Es ist die romantischste Liebesgeschichte der Welt.[4]

Prioritäten setzen

Es geht im Leben um mehr als um Essen. Meist sind Essprobleme ein Signal für eine andere Art von Hunger – den Hunger der Seele. Um ihn zu stillen, sind andere Maßnahmen vonnöten als eine Umstellung des Ernährungs- und Bewegungsverhaltens. Wir, die Autorinnen dieses Buches, glauben, dass letztlich nur Gott diesen Hunger stillen kann. Wenn wir das zulassen, verändern sich unsere Prioritäten. Welche Prioritäten wir im Leben setzen, entscheidet ganz wesentlich darüber, wie sich mein Alltag gestaltet. Und hat damit auch Einfluss auf mein Essverhalten.
Oft ist nämlich die Ursache von übermäßigem und unkontrolliertem Essen darin zu finden, dass ich Prioritäten in meinem Leben falsch setze. Wenn das so ist,

4 Wir verwenden die Geschichte mit freundlicher Genehmigung der Autorin Gaby Wentland.

Maxfli
MD

renne ich dem Leben immer hinterher, bin nie zufrieden und verspüre eine innere Leere und Unausgeglichenheit. Auch viele Christen setzen falsche Prioritäten im Leben! Ihre Seele hungert weiter nach Ausgeglichenheit und einer Balance zwischen dem, was wichtig, und dem, was unwichtig ist.

Was ist im Leben wirklich wichtig? Vor dieser Frage stehen wir jeden Tag immer wieder aufs Neue. Ist es nicht so, dass wir uns oft in lauter Nichtigkeiten verstricken und dann für die wirklich wichtigen Dinge keine Zeit mehr haben? Aber was ist denn wirklich wichtig? Dazu möchte ich Ihnen eine Geschichte erzählen:

Die Geschichte vom Blumentopf und dem Bier

Ein Philosophie-Professor in einem Hörsaal voller Studenten hatte einige Gegenstände vor sich. Als der Unterricht begann, nahm er wortlos einen großen Blumentopf und begann diesen mit Golfbällen zu füllen. Er fragte die Studenten, ob der Topf nun voll sei. Sie bejahten es.

Dann nahm der Professor einen Behälter mit Kieselsteinen und schüttete diese in den Topf. Er bewegte den Topf sachte, und die Kieselsteine rollten in die Leerräume zwischen den Golfbällen. Dann fragte er die Studenten wiederum, ob der Topf nun voll sei. Sie stimmten zu.

Der Professor nahm als Nächstes eine Dose mit Sand und schüttete diesen in den Topf. Natürlich füllte der Sand den kleinsten verbliebenen Freiraum. Er fragte wiederum, ob der Topf nun voll sei. Die Studenten antworteten einstimmig: „Ja."

Da holte der Professor zwei Dosen Bier unter dem Tisch hervor und schüttete den ganzen Inhalt in den Topf. Der Sand war durchweicht, und die Studenten lachten.

„Nun", sagte der Professor, als das Lachen langsam abebbte, „ich möchte, dass Sie diesen Topf als Darstellung Ihres Lebens betrachten. Die Golfbälle sind die wichtigen Dinge in Ihrem Leben: Ihre Familie, Ihre Kinder, Ihre Gesundheit, Ihre Freunde, die bevorzugten, ja leidenschaftlich geliebten Aspekte Ihres Lebens. Falls in Ihrem Leben alles verloren ginge und diese Menschen und Dinge blieben, würden Sie Ihr Leben trotzdem noch als erfüllt bezeichnen. Die Kieselsteine symbolisieren die anderen Dinge im Leben wie Ihre Arbeit, Ihr Haus, Ihr Auto. Der Sand ist alles andere, die Kleinigkeiten.

Falls Sie den Sand zuerst in den Topf geben", fuhr der Professor fort, „gibt es keinen Platz mehr für die Kieselsteine oder die Golfbälle.
Dasselbe gilt für Ihr Leben. Wenn Sie all Ihre Zeit und Energie in Kleinigkeiten investieren, werden Sie nie Platz haben für die wichtigen Dinge. Nehmen Sie sich vor den Kleinigkeiten in Acht, die die wichtigsten Aspekte Ihres Lebens in den Hintergrund zu rücken drohen. Spielen Sie mit den Kindern. Nehmen Sie sich Zeit, zum Arzt zu gehen. Führen Sie Ihren Partner zum Essen aus. Es wird immer noch genug Zeit bleiben, um das Haus zu putzen oder eine Überstunde zu machen. Achten Sie zuerst auf die Golfbälle, die Dinge, die wirklich wichtig sind. Setzen Sie Ihre Prioritäten. Der Rest ist nur Sand."
Einer der Studenten erhob die Hand und wollte wissen, wofür denn das Bier stehe.
Der Professor schmunzelte: „Ich bin froh, dass Sie das fragen. Das Bier soll Ihnen zeigen: Egal wie schwierig Ihr Leben auch sein mag – es ist immer noch Platz für ein oder zwei Bierchen."[5]

Richtige Reihenfolge?

Wie sieht Ihr Blumentopf aus? Schauen Sie sich Ihre Woche einmal an. Füllen Sie Ihren Topf zuerst mit Sand oder mit Kieselsteinen? Dann passen die wirklich wichtigen Dinge nicht mehr hinein und bringen ihn zum Überlaufen. Das Überlaufen des Blumentopfes bringt uns in eine Stresssituation, und die heißt bei vielen von uns: Essen. Ich habe mich oft selbst gefragt, warum auch ich immer wieder Neigungen dazu entwickele, in alte Essgewohnheiten zu verfallen bzw. regelrechte Essanfälle zu bekommen. Wenn ich mein Leben betrachte, dann geht es mir gemessen am Durchschnitt ziemlich gut. Ich bin verheiratet, habe 4 Kinder, eine tolle Gemeinde, ein schönes Haus, gute Freunde, bin erfolgreich im Beruf. Was will man mehr? Oberflächlich betrachtet könnte man meinen, na ja, die hat ja keine Probleme, klar, dass sie auch keine Essprobleme hat.
Aber das stimmt nicht. Auch ich muss immer auf mein Gewicht und mein Essverhalten achten. Auch ich neige dazu, gerade in Stresssituationen Schokolade tafelweise zu vertilgen. Auch ich überprüfe immer wieder ganz neu meine Prioritäten im Leben.

5 Aus: Der lachende Manager. Internet-Newsletter.

Erkenntnis ist der erste Schritt

Nun hat Gott jedem von uns bestimmte Talente gegeben und auch ein bestimmtes Maß von Leistungsfähigkeit. Manchen wird schwindlig, wenn sie mein Arbeitstempo sehen. Ich würde mich jedoch zu Tode langweilen, wenn ich nur die Hälfte von dem machen dürfte, was ich tue. Für mich war der entscheidende Wendepunkt der Gedanke: Nicht dass ich so viel tue, verursacht mir Stress, sondern dass ich das Falsche zuerst tue und oft den Sand zuerst in meinen Blumentopf streue. Dadurch mussten viele Golfbälle und Kieselsteine obendrauf und fielen dann runter. Das hat meine Seele nicht verkraftet und völlig ausgehungert griff sie zu dem, was sie bekam. Alkohol und Zigaretten mag ich nicht, Tabletten und Drogen ängstigen mich, aber Essen schmeckt und ist legal.

Für mich war der entscheidende Wendepunkt der Gedanke: Nicht dass ich so viel tue, verursacht mir Stress, sondern dass ich das Falsche zuerst tue.

Essen ist immer da, und essen müssen wir auch immer. Wir können nicht wie ein Alkoholiker sagen: „Ab heute trinke ich nichts mehr." Essen müssen wir.

Sie werden in diesem Buch noch eine ganze Reihe Tipps bekommen, wie Sie Ihr Essverhalten umstellen können. Aber viel wichtiger ist es, Ihrer Seele auf den Grund zu gehen und zu erkennen, warum Sie unkontrolliert essen. Wenn äußerlich gesehen alles in Ordnung ist, müssen die Unstimmigkeiten weiter innen liegen. Prioritäten müssen jährlich, monatlich, wöchentlich, ja sogar täglich neu gesetzt werden. Immer wieder schleichen sich unwichtige, aber scheinbar dringende Angelegenheiten dazwischen. Immer wenn ich merke, dass ich in alte Essgewohnheiten verfalle, überprüfe ich als Erstes meine Prioritäten und merke meist, dass hier etwas in meinem Leben in der falschen Reihenfolge läuft.

Wir sind oft der Meinung, dass wir die Kleinigkeiten in unserem Leben nicht mehr unterbringen können, wenn wir uns nur mit den wichtigen Dingen beschäftigen. Das stimmt aber nicht. Wenn ich anfange, meine Golfbälle zuerst in den Blumentopf zu füllen, passt unverhofft auch der ganze Rest noch rein. Ich für mich persönlich habe entschieden, die wichtigen Dinge in meinem Leben bewusst neu zu definieren und zu ordnen, und das in regelmäßigen Abständen. Und das sieht so aus:

Meine Beziehung zu Gott

Wenn Sie Gott noch nicht persönlich kennen und mit ihm leben, kann der Anfang dieses Kapitels (Seite 76) Ihnen vielleicht einige wertvolle Anregungen bescheren, sich mit der Frage nach dem Sinn des Lebens und nach unserer unerfüllten Sehnsucht neu auseinander zu setzen.

Aber auch als Christ, als Mensch, für den Gott und Jesus Christus die wesentliche Konstante im Leben sind, muss ich mich immer wieder neu fragen: Wie sieht es aus in meinem Leben? Hat Gott wirklich den Platz, den er haben sollte? Er, der mich geschaffen hat, der mich gewollt hat, der mich aus Liebe von der Sünde befreit hat und der möchte, dass ich ein erfülltes Leben auf ihn hin lebe, ist er wirklich noch das Wichtigste? Oder schleicht sich in dieser Beziehung manchmal auch die Routine ein? „Na ja, klar ist er das Wichtigste in meinem Leben", antworte ich automatisch. Wie viel Zeit verbringe ich mit ihm? Wie wichtig ist es mir, was er über mich denkt? Wie interessiert bin ich, wie er ist? Wie erwidere ich seine Liebe?

> Zähle deine Verheißungen, nicht deine Probleme.

Als ich meinen Mann kennen lernte, verliebten wir uns recht schnell ineinander. Das fühlte sich an wie Flugzeuge im Bauch. Und wir wollten so viel Zeit wie möglich miteinander verbringen. Oft standen wir stundenlang an der Bahnhaltestelle und ließen eine Bahn nach der anderen vorbeifahren, weil wir uns nicht trennen wollten. Wir erzählten uns unser ganzes Leben. Und jeder wollte vom anderen wissen, wie er ist, was er fühlt, was er denkt, was er will.

Will ich wirklich wissen, wie Gott ist? Ist es mir wichtig, was Gott fühlt? Verbringe ich Zeit im Gebet oder mit Bibellesen? Im Leben eines jeden Christen gibt es sicherlich Zeiten, in denen er sich Gott ganz nahe fühlt, meistens nach seiner Bekehrung und immer wieder in Zeiten der Erneuerung. Aber genauso, wie das Verliebt sein in der Ehe nachlässt und zu einer tiefen innigen Liebe wird, lässt das Verliebtsein in Gott nach. Aber ist es in meinem Leben zu einer wirklich innigen Liebe und Beziehung geworden? Oder lebe ich mein Christsein eher in Oberflächlichkeit?

Ist es nicht oft so, dass Gott zu solch einem Golfball wird, der oben auf den übervollen Topf gelegt wird und dann herunterfällt, sobald der Topf sich ein wenig bewegt? Wenn zu viele andere Dinge in meinem Leben wichtig sind, dann leidet unsere Beziehung zu Gott. Gott wird wohl immer ein „Golfball“ sein, aber an welcher Stelle liegt er in meinem Topf? Oder liegt er momentan sogar daneben? Wenn ich bei mir erkenne, dass das so ist, bitte ich Gott um Vergebung und sage ihm, dass ich mich ganz neu für ihn entscheiden möchte. Ich mache mir neu bewusst, dass alles von ihm und durch ihn erschaffen ist, dass er mich liebt, und dass ich mit seiner Hilfe ans Ziel kommen werde.

Meine Beziehung zu meinem Ehepartner

Als mein Mann und ich heirateten, gab ein Onkel meines Mannes uns etwas mit auf den Weg. „Wenn ihr in eurem Leben nicht sehr viel bewirken werdet, wenn nicht alles so läuft, wie ihr euch das vorstellt, wenn ihr Kinder habt und irgendwann denkt, ihr habt versagt, dann bedenkt Folgendes: Ihr habt euch füreinander entschieden, und an dieser Entscheidung haltet fest. Kämpft mit aller Macht dafür. Wenn ihr auch nichts vorzuweisen habt, aber eine gute Ehe, die in Treue gelebt wird, gefällt Gott und ist das Beste, was ihr euren Kindern und der Welt geben könnt.“

Als unsere Kinder geboren wurden, fing ich an, die Bücher von Claudia und Eberhard Mühlan zu lesen. Eine Aussage habe ich mir für meine Ehe zum Leitsatz gemacht: „Deine Kinder werden irgendwann einmal aus dem Haus gehen und eigene Familien gründen, aber mit deinem Mann wirst du alt werden.“ Wir bemühen uns beide, eine Ehe voller Respekt und Liebe füreinander zu führen. Wir versuchen, gleiche Interessen zu finden und Zeit zusammen zu verbringen. Wir vertrauen uns an, was wir niemandem sonst sagen würden, und können über alles reden. Wir versuchen nicht, einander zu verändern, sondern den anderen so anzunehmen, wie er ist.

„Deine Kinder werden irgendwann einmal aus dem Haus gehen und eigene Familien gründen, aber mit deinem Mann wirst du alt werden.“

Falls Sie verheiratet sind, fragen Sie sich:

Was für eine Ehe führe ich?

Wie viel Zeit verbringe ich mit meinem Partner?

Wie sieht es in meiner Beziehung aus?

Wo sind Schwierigkeiten?

Wo haben wir uns voneinander entfernt?

Versuchen Sie gemeinsam zu analysieren, wo Sie in Ihrer Ehe stehen. Haben Sie gerade eine schwierige Phase, versuchen Sie, darüber zu reden, was schief läuft. Lesen Sie gemeinsam ein gutes Ehebuch. Nehmen Sie sich ein Wochenende Zeit ohne die Kinder, an dem Sie auftanken und ungestört Zeit miteinander verbringen können.
Wenn Sie es alleine nicht schaffen, suchen Sie eine Eheberatung auf. Nur eins sollten Sie nicht tun: Wenn eine Partnerschaft nicht mehr funktioniert, dann ist es nicht damit getan zu sagen: „Das wird schon." Es wird meistens nicht. An einer Ehe muss immer wieder gearbeitet werden, um sie am Leben zu erhalten, um gemeinsam zu wachsen. Sonst neigen wir dazu, den Golfball neben den Topf zu legen. Das wiederum ist eine Belastung und führt oft zu Sehnsüchten, die nicht gestillt werden und die wir mit Essen beantworten.
Auch wir hatten schwierige Zeiten in unserer Ehe. In diesen Zeiten nahm ich ordentlich zu. Sicherlich war nicht nur unsere Ehe schuld daran. Es gab mehrere Faktoren, die meine Seele aushungern ließen. Aber als ich anfing, meinen Mann zu segnen, ihn so stehen zu lassen wie er ist, statt an ihm herumzunörgeln, und als ich begann, meine Sorgen Gott anzuvertrauen, fing auch mein Mann an, sich zu verändern.

Meine Familie

Ich habe einmal in einem Buch gelesen: „Was werden Deine Kinder wohl später einmal von Dir sagen?" „Bei uns zu Hause war es immer wunderschön aufgeräumt, meine Mutter hatte zwar nie Zeit, weil sie immer am Putzen war, aber dafür konnten wir auf dem Fußboden essen." Oder: „Na ja, so ordentlich war es nicht immer, aber meine Mutter war immer für uns da, wenn wir sie gebraucht haben, und Spaß hatten wir auch viel." Als ich das las, musste ich schmunzeln und hatte von nun an ein Ziel. Meine Kinder sollten später einmal sagen: „Bei uns war es immer aufgeräumt, meine Mutter hatte immer Zeit für uns, war immer gut drauf und wir hatten sehr viel Spaß in unserer Kindheit."

Man kann nicht dankbar und unglücklich zugleich sein.

Jahrelang habe ich versucht, diesem Ideal nachzueifern. Ich wollte die erste Frau sein, die das schafft. Die Realität sah leider anders aus. Vom Drang nach Perfektion getrieben, geriet ich immer von einem Extrem ins andere. Einmal war wochenlang unser Haus sauber und ordentlich und man konnte tatsächlich vom Boden essen. Meine Kinder allerdings atmeten jedes Mal auf, wenn ich die Tür hinter mir zumachte und dachten wohl erleichtert: „Endlich ist sie weg!“ Jeder zweite Satz von mir lautete: „Heute wird aber das Zimmer aufgeräumt! Wie sieht das denn hier schon wieder aus? Warum ist die Wäsche nicht nach unten gebracht? Wie kannst du auf diesem chaotischen Schreibtisch eigentlich Hausaufgaben machen? Was soll denn dieses Gekritzel in deinem Heft? Der Müll ist noch nicht geleert, das machst du jetzt als Erstes, aber flott! Ich kann das hier nicht mehr ertragen mit deiner Unordnung!“

Anschließend musste das Glas Nutella dran glauben, um meine Seele wieder zu beruhigen.

Wenn ich nach einigen Wochen merkte, dass ich die Familienatmosphäre mit meinem Gemeckere total vergiftete, vollzog ich einen 180-Grad-Dreh und übersah die Unordnung in den Kinderzimmern. Dafür las ich vor, wir spielten Karten und ich nahm mir ganz bewusst vor, fröhlich und freundlich zu sein. Innerlich staute sich allerdings die Abneigung gegen das zunehmende Chaos und das wiederum verursachte innerlichen Stress, so dass die Schokolade die einzige Rettung war. Zu dieser Zeit konnte man übrigens auch bei uns vom Boden essen, denn es war noch einiges genießbar, was da so unter dem Tisch lag.

Mit mir selbst und der Welt nicht im Einklang steuerte ich dagegen und wurde wieder die strenge, meckernde Mutter, was mich dann noch mehr essen ließ.

Wie sieht Ihre Situation zu Hause aus? Sind Sie mit sich und der Familiensituation zufrieden? Sind Ihre Ziele vielleicht auch zu hoch gesteckt und kommen Sie dadurch ständig in einen Entscheidungskampf, welche Prioritäten gesetzt werden müssen? Jede von uns muss sich an dieser Stelle selbst überprüfen. Es ist ja ganz nett, wenn jemand schreibt, dass die Beziehung zu den Kindern wichtiger ist als der Haushalt. Das stimmt in jedem Fall. Aber wenn ein chaotischer Haushalt Sie auch so fertig macht wie mich, muss eine andere Lösung her. Wenn ich dann von einem Extrem ins nächste falle, setzt mich das unter Druck und meine Seele kann dem nicht mehr standhalten. Was also tun?

UNO

UNO

Es gibt mittlerweile eine ganze Menge guter Bücher zum Thema „Haushaltsführung".[6] Sich damit zu beschäftigen hilft, in diesem Punkt eine neue Perspektive zu gewinnen. Eine fröhliche Mutter, die für ihre Kinder da ist, wenn sie sie brauchen, die auch lachen kann, und die die Kleinigkeiten nicht so ernst nimmt, das möchte ich gerne werden. Kinder müssen als Golfbälle zuerst eingefüllt werden. Wenn sie obendrüber liegen und schließlich herunterfallen, hebt sie keiner mehr auf. Dann sind sie ganz schnell groß und wir können die verlorene Zeit mit ihnen nicht mehr zurückholen.

Im Sommer 2000 haben wir unseren zweiten Sohn Julian durch einen tragischen Unfall verloren. Das Schlimmste für mich war, dass ich das Gefühl hatte, ihm nicht oft genug gesagt zu haben, dass ich ihn liebe. In Zeiten, in denen ich eine besonders gute Beziehung zu meinen Kindern habe, entdecke ich, wie für mich das Thema Essen oft nebensächlich wird, weil eben die Konzentration auf den wirklich wichtigen Dingen liegt.

6 z.B. Bianka Bleier und Birgit Schilling: *Besser einfach – einfach besser. Das Haushalts-Survival-Buch.* R. Brockhaus Verlag, Wuppertal, 8. Auflage 2006.

... Ihr Lieben, wenn die Dinge in eurem Leben immer schwieriger werden, wenn 24 Stunden am Tag nicht genug sind, dann erinnert euch an den „Blumentopf und das Bier.

Gabi und ich würden uns freuen, wenn wir (unsere Freundschaft) ein Golfball in eurem Leben sein/bleiben dürften. Und wenn ihr euch freut, oder wenn ihr weinen müsst, wenn ihr Sehnsucht habt, wenn ihr mal „raus“ müsst, wenn ihr Hilfe braucht oder auch nur mal quasseln wollt, dann sollt ihr wissen, für euch gibt es bei uns immer eine offene Tür und einen Platz wo ihr hinkommen könnt. Und trotz der großen Entfernung sind unsere Gedanken höchstens einen Telefonanruf entfernt von euch ...

Wir lieben euch und es ist uns eine Ehre, euch zu kennen!

Eure Freunde

Gabi und Matthias

Diese Schlusszeilen zusammen mit der Geschichte vom Blumentopf erhielten wir vor unserem Umzug nach Süddeutschland von unseren Freunden. Beide, mein Mann und ich, weinten vor Rührung. Wieder einmal wurde uns bewusst, wie wichtig und segensreich Freundschaften sind. Mit Wehmut stelle ich oft fest, dass Freundschaften aufgrund unserer schnelllebigen Zeit verloren gehen. Zeitnot, Termindruck und scheinbar wichtigere Aufgaben warten auf uns. Wo bleibt da noch Zeit für Beziehungen?

In meinem Leben sind Freundschaften sehr wichtig! „In guten wie in schlechten Zeiten ...!“, versprach ich meinem Mann vor 19 Jahren an unserem Hochzeitstag. Und wie ist das zwischen guten Freunden? Es gibt sicherlich viele Arten von Freundschaften, lockere, oberflächliche, aber auch feste Beziehungen. Warum sind sie so wichtig?

„Geteiltes Leid ist halbes Leid, geteilte Freude ist doppelte Freude.“ Dieses alte Sprichwort hat es in sich. Mit meiner Freundin kann ich fast alles teilen. Freude, Leid, Begeisterung, Sorgen, Trauer, Glück. Es tut gut, ein weibliches Gegenüber zu haben, das einen ganz anders versteht als der Ehemann. Mit dem man ganz weiblich plaudern, lachen und auch weinen kann.

So gehört auch eine gute Freundin mit zu den Golfbällen und sollte zuerst in den Blumentopf gelegt werden. Wird die Freundschaft vernachlässigt, kullert der Ball hinaus, oft kann er nicht wieder aufgehoben werden. Auch eine verlorene Freundschaft kann der Grund für Trauer und Frust in Ihrem Leben sein.

Überprüfen Sie deshalb Ihre Freundschaften. Wo sind Sie etwas lockerer geworden? Wie können Sie eine neue Beziehung beginnen? Vielleicht findet sich ja auch eine Freundin, die wie Sie den Entschluss gefasst hat, Ihr Leben zu verändern, „leichter fliegen“ zu können. Gehen Sie es zu zweit an, denn Ihre Freundin versteht Ihre Gewichtsprobleme. Welche Frau hat nicht schon eine Diät gemacht, wollte nicht schon ein paar Pfunde verlieren, um wieder in ihre alte Jeans zu passen? Mit ihr können Sie Sport machen, sich bei Rückfällen gegenseitig motivieren und die erreichten Ziele feiern.

> Ein wahrer Freund ist treuer als ein Bruder.
>
> SPRÜCHE 18,24

Eine Frau kann in jedem Alter neue Freundschaften beginnen. Ich habe meine Freundin Karin mit 18 in der Berufsschule kennen gelernt, Gabi mit 19 in der Kirchengemeinde, Petra mit 26 auf einer Hochzeit, Sanne mit 29 im Krankenhaus und Manu mit 32 bei Weight Watchers.

Freundschaften profitieren vom gemeinsamen Geben und Nehmen. Investieren Sie Zeit und Zuneigung in Ihre Freundin, Sie wird es Ihnen zurückgeben.
Welches letztendlich Ihre „Golfbälle“, Ihre wichtigsten Prioriäten sind, müssen Sie selbst entscheiden. Vielleicht zählt für Sie die Arbeit oder ein bestimmtes Ehrenamt dazu. Möglicherweise gibt es noch andere Größen in Ihrem Leben. Entscheiden Sie selbst, aber denken Sie daran: Eine gute Balance zwischen den verschiedenen Prioritäten Ihres Lebens wird Ihnen helfen, ein inneres Gleichgewicht herzustellen – und das wiederum hilft, Ihr äußerliches Gewicht in den Griff zu kriegen.

Mich selbst ernst nehmen – Heike

Stellen Sie sich vor, Sie hätten drei Wünsche frei. Einzige Bedingung: Es dürfen nur Ihre eigenen Wünsche sein. Nicht die der Familie, der Gemeinde, der Freunde. Was würden Sie sich wünschen? Was für einen Traum träumen Sie? Gibt es etwas, das Sie schon immer einmal tun wollten?

Oft hetzen wir von Termin zu Termin. Wir versuchen, alles unter einen Hut zu bekommen und wünschen, der Tag könnte doch irgendwie auf 36 Stunden auszudehnen sein. Was bleibt dabei meistens auf der Strecke? Genau, Sie selbst. Frauen neigen dazu, sich selbst ganz hintanzustellen. Erst einmal müssen die Bedürfnisse aller anderen gestillt werden. Dann sind Sie selber dran. Da niemals alle Bedürfnisse gestillt werden können, bleibt für Sie selbst meist keine Zeit. Das macht auf Dauer unzufrieden, missmutig, ärgerlich, hilflos, ohnmächtig, krank und nicht selten verführt es einen zur Ersatzbefriedigung „Essen“.

Stehen Sie immer nur im Spagat zwischen allen Terminen, die Sie wahrnehmen? Allen Arbeiten, die erledigt werden müssen? Dem Mann, den Kindern, der Freundin, der Gemeinde? Kein Wunder, dass Sie etwas brauchen, um zu funktionieren. Und das ist in vielen Fällen Schokolade.

Wann nehmen Sie sich Zeit für sich selbst? Dabei meine ich nicht morgens die 10 Minuten im Bad vorm Spiegel. Nicht den Kaffee, den Sie nach dem Mittagessen genießen. Wann haben Sie das letzte Mal etwas getan, das Ihnen Spaß macht? Wann haben Sie das letzte Mal herzlich gelacht? Was sind Ihre Hobbys? Wissen Sie eigentlich, was Sie selber gerne mögen? Wie verbringen Sie Ihre freie Zeit?

Bevor ich meine Kinder bekam, gab es nicht viel, was ich in meiner Freizeit tat. Lesen, ab und zu mal stricken, fernsehen, ins Kino gehen. Darauf beschränkte sich meine freie Zeit. Wenn mein Mann mich dann fragte, was ich mir für die Zukunft wünschte, schaute ich ihn immer ganz ratlos an. Er dagegen hatte immer Träume. Bilder malen, angeln gehen, ein eigenes Boot besitzen, Gitarre spielen. So konnte er die Liste fortsetzen. Ich ertappte mich häufig dabei, wie ich mit meiner freien Zeit nichts anzufangen wusste.

Mit der Geburt unseres ersten Kindes war das Problem behoben. Ich hatte keine freie Zeit mehr. Ich war von morgens bis abends beschäftigt. Es gab immer etwas zu tun und ich gönnte mir kaum eine Pause. Meine anderen Kinder wurden geboren und die Schufterei ging weiter. Ich versuchte, alles perfekt hinzubekommen: Ehe, Kinder, Haus, Gemeinde, Freunde. Mich selbst vergaß ich dabei. Nun will ich hier nicht märtyrerhaft beschreiben, was für ein schreckliches Leben ich hatte. So schlimm war es nicht. Aber ich bemerkte einfach nicht, dass ich vor lauter Arbeit und Verantwortung keine Zeit für mich fand. In dieser Situation nahm ich schleichend fast 15 kg zu. Die hatte ich mir im Stress angefuttert, um den Hunger meiner Seele zu stillen. Ich unternahm nichts dafür, dass es mir gut ging, dass ich Freude am Leben hatte, dass ich auch vergnügt sein konnte. Ich hatte vergessen, dass ich selbst auch eine Priorität in meinem Leben war, dass meine Bedürfnisse ebenfalls ein Golfball in meinem Blumentopf sein mussten.
Während meiner Abnahme fing ich dann zögerlich an, auch einmal Zeit in meine Bedürfnisse zu investieren. Anfangs noch mit schlechtem Gewissen, kümmere ich mich mittlerweile regelmäßig darum, Zeit in mich selbst zu investieren. Fazit: Das Leben ist schön!

> Wer A sagt, muss nicht B sagen. Er kann auch erkennen, dass A falsch war.
>
> BERTOLT BRECHT

Das Laufen z. B. gehört mittlerweile als fester Bestandteil zu meinem Leben dazu. Ich genieße die Zeit in der freien Natur. Wir wohnen am Rande des Schwarzwaldes mitten in den Weinbergen an der badischen Weinstraße. Es tut meiner Seele so gut, die Natur in mich aufzunehmen, das Wechselspiel der Jahreszeiten zu beobachten, Gott dankbar zu sein für diese schöne Erde, die er uns gegeben hat. Ein Hobby pflegen, ab und zu mal ins Kino oder ins Theater gehen, mich mit einer Freundin zum Frühstück treffen, handarbeiten, musizieren. Das alles sind Dinge, die meiner Seele gut tun. Dadurch werde ich entspannter und kann mein Leben genießen, weil ich weiß, dass es darin auch Zeit allein für mich gibt. Wenn ich morgens gelaufen bin, geht mir hinterher der Haushalt viel leichter von der Hand. Ich habe nicht das Bedürfnis, meine Seele mit etwas anderem zu befriedigen. Die Aussicht, abends mit meiner Freundin noch einen Salat beim Italiener zu genießen, macht die Arbeit viel leichter.
Wie sehen Ihre Träume aus? Was würden Sie gerne für sich tun? Und was ist möglich? Vielleicht denken

Sie, Sie haben keine Zeit dafür. Wenn Sie aber anfangen, Prioritäten richtig zu setzen, und auch erkennen, dass Ihre eigenen Bedürfnisse ein Golfball sind, dann lassen sich unwichtigere Dinge verschieben. Unsere Sehnsüchte sind unsere Möglichkeiten! Probieren Sie es aus. Es wird Ihnen gelingen, und das Schöne dabei ist: Sie brauchen kein Essen mehr, um diesen Mangel auszufüllen.

Morgenlauf mit Claudia

Krampfhaft halte ich mich an meiner Tasse Kaffee fest, um nicht rückwärts vom Stuhl zu fallen. Müssen Kinder so früh zur Schule? Könnten sie nicht wenigstens eine Stunde später mit dem Unterricht beginnen, damit die Mütter etwas länger schlafen können? Wie bekomme ich heute jemals die Müdigkeit aus meinen Knochen? Es ist 6.20 Uhr, noch mitten in der Nacht. Die armen Kleinen müssen gleich los, und ich? Ich könnte eigentlich noch mal in mein warmes Bett zurückkriechen. Nur heute, ausnahmsweise.

Natürlich mache ich das nicht, steht doch wieder eine lange „To-do-Liste" an, die abgearbeitet werden muss. „Morgenstund hat Gold im Mund", hat meine Großmutter schon immer gesagt. Und dann ist ja da noch Claudia. Die wartet um 7.30 Uhr in Turnschuhen auf mich. Sag ich ab? Das Außenthermometer zeigt –4 C°. Bei der Kälte frieren die Füße ja beim Laufen ein, denke ich, und greife zum Telefon. Oder gehe ich doch? Noch eine zweite Tasse Kaffee trinkend, wäge ich das Für und Wider ab. Mittlerweile ist zumindest das Bett nicht mehr warm. Was steht denn heute auf meinem Plan? Wäsche waschen, Böden saugen, Bad putzen, Betten beziehen. Wo fange ich an? Zum Laufen habe ich da ja wirklich keine Zeit. Wie soll ich denn mein Pensum für heute schaffen? Wieder greife ich zum Telefonhörer. Aber ein netter Plausch mit Claudia ist auch immer erfrischend. Das Telefon bleibt liegen.

Nach der dritten Tasse Kaffee verschwindet so langsam die Müdigkeit und ich bin in der Lage, mich anzuziehen. Esse ich vorher noch eine Kleinigkeit? Nein, damit belohne ich mich nach dem Laufen. Pünktlich um 7.30 Uhr stehe ich gut gelaunt vor Claudias Haustüre und wir starten durch. Beim Plaudern vergeht die Zeit wie im Flug. Plötzlich halten wir inne und staunen. Da liegen vor uns die von schneeweißen Eiskristallen überzogenen Weinberge und die rote Morgensonne geht über dem Horizont auf. Was für eine schöpferische Leistung. Gott muss dieses Gemälde gerade für uns geschaffen haben. Ich bedauere, keinen Fotoapparat dabeizuhaben. Dieses Bild, aber vor allen Dingen dieses Gefühl lässt sich damit jedoch wohl kaum einfangen. Die wundervolle Landschaft genießend, laufen wir in flottem Tempo plaudernd unsere Strecke und spüren, wie die kalte, frische Luft unsere Lungen durchströmt. Angenehm körperlich erschöpft komme ich zu Hause an, genieße die heiße Dusche und erledige voller Elan meinen ganzen Haushalt. Wieder einmal bin ich dankbar, die richtige Entscheidung getroffen zu haben. Bis zum nächsten Morgen.

Mit meinen Gaben und Talenten wuchern

Was kann ich besonders gut, wo kann ich anderen Menschen mit meinen Fähigkeiten helfen?

Finden Sie Ihre größten Begabungen heraus und nutzen Sie die Zeit, sie auch anzuwenden!

Oft essen wir nur aus Langeweile, weil wir den Sinn unseres Lebens nicht erkannt haben. Wenn wir ihn aber herausgefunden haben, wird Essen zur Nebensache.

> Oft essen wir nur aus Langeweile, weil wir den Sinn unseres Lebens nicht erkannt haben.

Jeder Mensch ist von Gott einzigartig geschaffen mit all seinen Stärken und Schwächen. Oft neigen wir allerdings dazu, die Schwächen in unserem Leben überzubewerten. In der Therapie oder auf Seminaren wird oft die Aufgabe gestellt, anhand einer Tabelle die eigenen guten und schlechten Eigenschaften zu benennen. Meistens überwiegen die schlechten Eigenschaften, weil die so offensichtlich vor uns liegen und sie uns immer wieder in unserem Alltag gefangen nehmen, nach dem Motto: „Ja, hätte ich alle guten Eigenschaften und Begabungen meiner Freundin, dann wäre mein Leben leichter, dann müsste ich auch nicht so viel essen." Dabei übersehen wir oft, wie viele unentdeckte Talente in uns schlummern. Sie warten nur darauf, ans Tageslicht zu kommen.

Nehmen Sie sich 30 Minuten Zeit und füllen Sie die Tabelle auf der nächsten Seite möglichst ehrlich, aber auch nicht zu bescheiden aus.

Es gab eine Zeit in meinem Leben, da habe ich mich wegen meiner schlechten Eigenschaften gegrämt. Immer wieder habe ich mir selbst Vorwürfe gemacht und ein sehr negatives Selbstbild gehabt. Während einer Mutter-Kind-Kur mit gleichzeitiger psychologischer Betreuung forderte die Ärztin mich auf, eine Tabelle wie die folgende auszufüllen. Ich hatte den ganzen Nachmittag Zeit.

Am Anfang überwogen die negativen Eigenschaften, aber je mehr ich nachdachte, desto mehr positive Dinge fielen mir ein. Am Ende des Tages hielten sich die beiden Seiten die Waage. Die Ärztin fasste meine negativen Verhaltensweisen in einem Wort zusammen. Die positiven Dinge besprach sie im Einzelnen mit mir und sagte, ich hätte sehr viel Potenzial und müsse es nur richtig einsetzen. Diese Ärztin gab mir das Gefühl, eine Frau mit unzähligen Fähigkeiten zu sein, und ich fühlte mich plötzlich wie ein Adler, der nur seine Flügel heben musste und losfliegen konnte.

Meine guten Eigenschaften/Gaben	Meine schlechten Eigenschaften/Gaben

Finde deine größte Begabung heraus, und nutze deine Zeit dazu, diese Begabung anzuwenden.

RONALD BROWN

Kurz darauf las ich ein Buch über die vier Temperamente. Es gab einen Test, und dann konnte man im Großen und Ganzen seine positiven und negativen Eigenschaften ablesen. Ich war eine gute Mischung aus zwei Temperamenten. Sehnsüchtig las ich die guten Eigenschaften der anderen beiden Temperamente. Aber auch die schlechten übersah ich nicht. Ich ging in mich und überlegte einen Moment: Wenn ich selbst entscheiden könnte, welches Temperament ich gerne hätte, mit all den positiven und negativen Aspekten, wie würde ich mich entscheiden? Nach reiflicher Überlegung und Gebet kam ich ziemlich schnell zu dem Ergebnis: „Ich möchte genau so sein, wie ich bin, wie Gott mich geschaffen hat."

Aus diesen beiden Erfahrungen zog ich einen Schluss: Gott hat jedem von uns gute Anlagen, aber auch Schwachpunkte gegeben. Jeder von uns hat Gaben und Talente erhalten. Es liegt an uns, sie zu gebrauchen. Versuchen Sie, Ihre positiven Eigenschaften zu stärken und Ihre Fähigkeiten für Gott einzusetzen. Für die negativen Dinge in Ihrem Leben bitten Sie Gott, dass Sie sie besser in den Griff bekommen.

Wie können Sie das Gute, das Gott in Sie hineingelegt hat, für Ihn nutzen? Wenn Sie lernen, Ihre Gaben einzusetzen, dann leben Sie nicht nur in den Tag hinein, sondern nutzen Ihr Leben, um Dinge zu verändern. Das lenkt nicht zuletzt vom Essen ab. Es gibt Ihnen neue Perspektiven, holt Sie aus der Langeweile heraus und lässt Sie den Sinn Ihres Lebens erkennen.

Was können Sie mit Ihren Gaben und Talenten erreichen?

Füllen Sie die nebenstehende Tabelle einmal aus und entscheiden Sie sich dann für höchstens drei Aktivitäten, die Ihnen auch Spaß machen. Die Gaben, die Gott uns gegeben hat, machen uns im Normalfall auch Freude. Meine größte Stärke, aber auch größte Schwäche ist z. B. das Reden. Ich weiß immer zu allem meinen Senf dazuzugeben. Es fällt mir sehr schwer, an einem Elternabend nicht das Wort zu ergreifen, sondern einfach mal nur zuzuhören. Dafür bin ich meistens recht schlagfertig und weiß eine Gruppe zu unterhalten, ohne dass es langweilig wird. Reden macht mir Spaß. Gott hat diese Gabe in mich hineingelegt und ich versuche sie für ihn einzusetzen, indem ich ungezwungen von ihm erzähle und davon, was er in meinem Leben schon getan hat. Für jemanden, der schüchtern ist und lieber gerne zuhört, ist das kaum verständlich. Deshalb ist es wichtig, dass Sie Ihre eigenen Gaben entdecken und überlegen, was Ihnen Freude bereitet, und wie Sie dies für sich, Gott und andere einsetzen können.

Meine Stärken	**Das kann ich damit anfangen**

Seine Stärken und Schwächen kennen zu lernen hilft, sich selbst auch mal etwas zu verzeihen. Machen Sie sich nicht ständig Vorwürfe, wenn Ihnen etwas misslingt. Akzeptieren Sie, dass jeder Tag voller kleiner Kämpfe steckt. Wer seine Stärken kennt, kann die Schwächen auch mal ignorieren.

Das Gefühl für die eigene Schönheit kommt von innen heraus, aus tiefstem Herzen. Richten Sie einen liebevollen Blick auf sich und den Rest der Welt und sagen Sie sich: „Seht her, das bin ich, nicht mehr, aber auch ganz bestimmt nicht weniger."

„Seht her, das bin ich, nicht mehr, aber auch ganz bestimmt nicht weniger."

Der goldene und der schwarze Rahmen

Sicherlich kennen Sie die bekannte Definition für Optimismus und Pessimismus: Wer ein halb mit Wasser gefülltes Glas betrachtet und es als halb voll bezeichnet, ist ein Optimist. Wer es als halb leer bezeichnet, ist ein Pessimist. Sehe ich eine Sache eher positiv oder negativ?

Sehen Sie sich selbst und Ihre Situation eher in einem goldenen oder in einem schwarzen Rahmen? Optimismus oder Pessimismus haben grundsätzlich etwas mit einer positiven oder negativen Lebenseinstellung zu tun. Sehe ich eher die guten Dinge um mich herum? Nehme ich Angenehmes wahr? Oder sehe ich in allem immer nur das Schlechte, Unangenehme? Höre ich in Komplimenten immer auch einen gewissen Unterton? Oder freue ich mich ehrlich und unbeschwert?

Von Natur aus neigen bestimmte Menschen eher zum Optimismus. Man sieht ihnen die Lebensfreude an. Sie fliegen über den Wolken, unter denen die Pessimisten Trübsal blasen. Wie unterscheiden sich denn Optimisten im Wesentlichen von Pessimisten?

„Ich werde immer so sein." – „Das schaff ich nie!" – „Ich bin ein

Pechvogel." – „Immer die anderen, nie ich." Einige negative Gedanken über Sie, Ihre Fähigkeiten und Ihr Leben haben sich fest in Ihnen verankert. Was immer auch die Ursache dafür ist – oft ist es müßig, das herauszufinden. Ihre hausgemachten Minderwertigkeitskomplexe? Eltern, die Ihnen keine Anerkennung gegeben haben? Lehrer, die Sie übersehen haben? Deprimierende Erfahrungen, wie sie jeder Mensch im Leben macht? Manches können wir nicht mehr zurückverfolgen und vor allen Dingen nichts von dem ungeschehen machen. Es ist Ihre eigene Geschichte, die das Leben schrieb.

Doch welchen Einfluss haben diese negativen Gedanken auf Ihre Gefühle und Ihre Entwicklung gehabt? Und noch wichtiger: Entsprechen diese negativen Wahrnehmungen den Tatsachen? Oder haben diese Gedankenmuster Sie nur zu einem Pessimisten gemacht, der Veränderungen zunächst einmal kritisch gegenübersteht? Dann tauschen Sie die überkritischen, zerstörerischen Gedanken gegen positive, ermutigende Gedanken aus.

Die Aufgabe des Gehirns ist es, die für uns wichtigen Informationen zu speichern. Unsere Gedanken sind dabei wie ein Filter, der Unwichtiges aussondert. Alles, was wir nicht wirklich brauchen, speichern wir auch nicht ab. Es wird nicht beachtet.

Sie nehmen also nicht alles wahr, was um Sie herum vorgeht. Sie sehen nur das, was Ihre Gedanken zulassen, was Sie kennen oder erwarten. Wenn wir also immer nur die Nachteile an einer Sache sehen, dann deshalb, weil unsere Gedanken immer nur um die Nachteile kreisen. Aus genau dem gleichen Grund erinnern sich Pessimisten auch nur an ihre Misserfolge. Umgekehrt ist es mit den Optimisten. Sie sehen in allen Dingen immer nur das Positive. Sie erinnern sich daher auch immer nur an die guten Dinge, die sie erlebt haben. Folgendes Beispiel macht das deutlich:

Ein Optimist und ein Pessimist gehen gemeinsam auf eine Party. Sie treffen dort einen gemeinsamen Bekannten, der sie kaum beachtet, das Essen ist fettig, die Musik sehr laut, alle anderen Gäste sind ihnen unbekannt. Der Pessimist denkt: „Was hat der Bekannte gegen mich, er mag mich nicht, deshalb hat er mich nicht beachtet." Außerdem stochert er in seinem fettigen Essen herum, weiß er doch, dass er davon wieder zunimmt, die Musik nervt ihn und er kann sich mit niemandem unterhalten, da er keinen kennt.
Der Optimist denkt: „Na, dem Bekannten ist wohl eine Laus über die Leber gelaufen", und genießt die Party. Das Essen schmeckt ihm, morgen wird er zum Ausgleich eine Runde laufen gehen und etwas mehr Gemüse

essen, er tanzt zur Musik und lernt neue Leute auf der Party kennen. Die beiden bewerten die Party rückblickend ganz verschieden.

Der Optimist wird sich überwiegend an schöne und angenehme Dinge erinnern, der Pessimist überwiegend an Negatives. Für den Optimisten war die Party ein voller Erfolg, für den Pessimisten ein totaler Reinfall.

Wenn wir immer nur die Nachteile einer Sache sehen, wenn wir unserem Gehirn beigebracht haben, alles negativ zu bewerten, dann wird es uns immer genau mit der Nase auf das Haar in der Suppe stoßen. Wir sehen und hören nur, was für uns wichtig ist, das Negative. Versuchen wir aber die guten Dinge zu sehen, ist unser Gehirn darauf programmiert, die Vorteile einer Sache zu sehen, dann übersehen wir meistens die Nachteile. Haben wir also ein gutes Gedankenprogramm, sehen wir Chancen und Möglichkeiten statt Probleme und drohende Misserfolge. Wenn wir ein negatives Gedankenprogramm haben, dann werden wir die Chancen und Möglichkeiten nicht wahrnehmen, auch wenn sie direkt vor unserer Nase liegen und wir nur zugreifen müssten.

Werden Sie zum Optimisten!

Wie sehen Sie sich und Ihre Abnahme? Denken Sie: „Ach, ich Arme! Ich muss ja so viel abnehmen, und ich darf so viele leckere Sachen nicht essen. Immer muss ich mich schinden, um ein paar Kalorien zu verlieren. Viel lieber würde ich auf dem Sofa liegen. Wer weiß, ob ich das überhaupt schaffe.“ Wenn Sie davon überzeugt sind etwas nicht zu erreichen, dann werden Sie es auch nicht erreichen!

Programmieren Sie deshalb Ihr Gehirn um. Versuchen Sie, bewusst nur die positiven Dinge zu Ihrem Gehirn durchzulassen. Das Negative soll bei Ihnen gar nicht ankommen.

Input: **Welchen Wert haben Sie in Gottes Augen? Schreiben Sie drei positive Eigenschaften auf, die Gott in Sie hineingelegt hat!**

____

____

____

Gedankenaustausch: Negatives in Positives verwandeln

Schwarzer Rahmen	Goldener Rahmen
Ich sehe unmöglich aus!	Gott sei Dank, ich bin einmalig. So wie mich gibt's keine mehr!
Ich Arme muss hungern	Ich genieße viel Obst und Gemüse
Ich muss so viel abnehmen, das schaffe ich nie	Bald bin ich schlank, ich schaffe das mit Gottes Hilfe!
Dreimal die Woche muss ich mich beim Sport quälen	Dreimal die Woche Laufen hält mich fit
Ich darf keine Schokolade mehr essen	Jeden Tag gönne ich mir einen Riegel
Ich nehme bestimmt wieder zu	Ich bleibe mein Leben lang schlank

Optimisten sind lösungsorientiert, sie glauben an sich und an ihre Fähigkeiten und sagen sich selbst immer wieder: „Ich kann das schaffen, ich werde das schaffen." Sie glauben daran, ihr Ziel zu erreichen und zu gewinnen. Pessimisten sind problemorientiert, sie zweifeln an sich und ihren Fähigkeiten und sagen sich selbst immer wieder: „Ich kann das nicht, ich schaffe das nicht." Sie zweifeln an sich selbst und glauben nicht daran, ihr Ziel zu erreichen. Sie sehen sich meist als Verlierer.

Wenn Sie sich selbst als Verlierer sehen, dann werden Sie auch verlieren. Dann werden Sie Ihr Ziel, schlank zu werden und zu bleiben, nicht erreichen. Wenn Sie sich aber als Gewinner sehen, dann werden Sie auch gewinnen. Sie werden Ihr Ziel erreichen.

Vom Pessimisten zum Optimisten

Kann denn ein Pessimist zu einem Optimisten werden? Ich selber habe es erfahren und möchte Ihnen Mut machen umzusteigen. Es lohnt sich, für Sie selbst und für Ihre Umwelt.

In meiner Jugendzeit war ich bekennender Pessimist. Bewusst entschied ich mich für diese Lebenshaltung. Immer nahm ich erst das Negative an. Gekoppelt mit einem ungesunden Aberglauben an Horoskope, Freitag den 13., schwarze Katzen und Ähnliches machte ich mir das Leben unnötig schwer. Dabei hatte ich eine gute Begründung für meinen Pessimismus. Wenn ich zum Beispiel spontan eine Freundin besuchen wollte, malte ich mir im Voraus schon aus, dass sie nicht da sei. Ich begründete diese Annahme damit, dass ich mich umso mehr freuen würde, wenn ich sie anträfe. Und für den Fall, dass sie tatsächlich nicht zu Hause wäre, müsste ich nicht gar so enttäuscht sein.

Nachdem ich mit 18 Jahren bewusst mein Leben Jesus gegeben hatte, entschied ich mich, den Aberglauben abzulegen. Kurz danach lernte ich meinen Mann kennen. Er lehrte mich, eine positive Lebenseinstellung zu haben. Von ihm selbst ging diese positive Einstellung zum Leben aus. Er machte mir deutlich, dass es viel angenehmer ist, mit Menschen zusammen zu sein, die positiv gestimmt sind. Von da an versuchte ich bewusst, die Dinge positiv zu sehen. Das fällt nicht immer leicht, ist jedes Mal eine Entscheidung. Aber mit der Zeit ist es wie mit guten Gewohnheiten, man denkt nicht mehr darüber nach. So hat sich meine Lebenseinstellung in den letzten 22 Jahren gewandelt. Heute kann ich von mir selbst behaupten, zwar kein blauäugiger Optimist zu sein, in den meisten Fällen aber eher eine positive Einstellung zum Leben zu haben.

Während meiner Abnahme hat mir diese positive Lebenseinstellung dabei geholfen, mich nicht als Verlierer, sondern als Gewinner zu sehen. Stolpersteine, die mir im Weg lagen, hob ich auf und warf sie weg.

Auch wenn ich grundsätzlich versuche, die Welt positiv zu betrachten, färbt sich meine rosa Brille heute noch dann ganz schnell grau, wenn mehrere negative Ereignisse zusammenkommen. Mein eigenes Naturell neigt eher dazu, das Negative wahrzunehmen. Es gelingt mir aber, die guten Dinge im Leben zu genießen, die positiven Gedanken herauszufiltern, das Negative abzulegen, wenn ich Gott im Gebet darum bitte. Tue ich das nicht, neige ich immer wieder dazu, schwarzzusehen. Wird es dann allzu dunkel um mich herum, dann bitte ich Gott ganz bewusst, mir eine positive Einstellung zu Ereignissen und Menschen um mich herum zu geben. Und dann sieht die Welt schon wieder viel heller aus. Ich habe die Erfahrung gemacht, dass eine positive Lebenseinstellung letztlich nicht nur eine Frage der Autosuggestion ist, also dessen, was ich mir einrede oder was ich selbst auf die Beine stellen kann. Ich weiß, dass ich aus mir heraus eine ganze Menge bewerkstelligen könnte, aber wenn ich Gott nicht hätte, dann käme ich immer wieder an meine Grenzen. Negatives würde mich sofort wieder ins Wanken bringen. So bin ich dankbar, dass ich einen Gott habe, der möchte, dass ich meine Gedanken mit Gutem fülle.

Es gibt viel mehr Leute, die freiwillig aufgeben, als solche, die wirklich scheitern.

HENRY FORD

Auch für Ihre Abnahme ist es wichtig, dass Sie aus negativen Denkstrukturen ausbrechen, Ihr Leben mit einem goldenen Rahmen umgeben und das Positive an Ihrer Situation sehen. Sie wollen sich verändern, um Ihr ganzes Potenzial endlich einsetzen zu können. Das ist gut! Die Ernährungsumstellung und die regelmäßige Bewegung wird Ihr Leben bereichern, wird Ihnen mehr Leichtigkeit verschaffen. Mit dieser Einstellung können Sie Ihre aufkommenden Zweifel in den Wind schlagen. Sie sind auf der Gewinnerseite. Ihre Entscheidung umzusteigen wird Sie positiv verändern, und das wird auch Ihre Umwelt erkennen. Steigen Sie um. Entscheiden Sie sich dafür, Ihren Abnahmeprozess als etwas Gutes zu sehen. Bitten Sie Gott darum, er wird Ihnen helfen.

> Ein frohes Herz macht ein glückliches Gesicht; ein gebrochenes Herz betrübt den Geist.
>
> (SPRÜCHE 15,13)

Du bist, was du denkst: Vorstellungen bestimmen unser Verhalten – Beate

In der Grundschule war ich nicht gerade eine Leuchte im Rechnen. Deshalb gewöhnte ich mich schon früh daran, alles, was mit Zahlen zusammenhing, weit von mir wegzuschieben. Mathe – unmöglich! Bis ich durch meine berufliche Tätigkeit den Kampf mit den Zahlen aufnehmen musste. Denn „Rechnen" gehört heute für mich zum Alltag. Abrechnungen, exakte Buchführung, Statistiken – ich musste mich meinen Grenzen stellen, und siehe da, sie ließen sich überwinden. Kopfrechnen gehört immer noch nicht zu meinen Stärken, ist aber nun längst kein Hindernis mehr, um dort neue Aufgaben zu übernehmen, wo diese Fähigkeit gebraucht wird.

„Das schaffst du nicht"

So flüstern unsere alten Erfahrungen und Minderwertigkeitskomplexe – und ermöglichen es uns auf diese Weise, genau so zu bleiben wie bisher. Es ist anstrengend, etwas Neues auszuprobieren. Es kostet den Preis, die alten Erfahrungen abzuschütteln und das Risiko einzugehen, zu versagen oder sich sogar zu blamieren.

Im Kinofilm „Plötzlich Prinzessin" geht es um ein 16-jähriges Mädchen, das herausfindet, dass sie von Geburt an Prinzessin ist. Wochenlang kämpft sie mit der Frage: „Kann ich wirklich Prinzessin sein? Werde ich das Land führen können? Habe ich die Fähigkeiten in mir, die ich brauche, um meine Bestimmung zu erfüllen?“ Mutlos und nahe daran aufzugeben, findet sie einen Brief ihres verstorbenen Vaters. In diesem Brief schreibt er, dass es ein Brauch in der Familie ist, ein Stück Weisheit an die Kinder weiterzugeben, die ihren 16. Geburtstag feiern. Und sie liest: „Mut ist nicht die Abwesenheit von Angst, sondern die Erkenntnis, dass anderes wichtiger ist als Angst.“ Die Tapferen leben vielleicht nicht ewig, doch die Vorsichtigen leben überhaupt nicht. Von jetzt an wirst du auf dem schmalen Grat wandeln zwischen dem, wofür du dich hältst, und dem, was du sein könntest. Doch das gelingt nur, wenn du diesen Weg auch gehst. Erlaube Dir selbst, diese Reise zu erleben.“

Mut zum Risiko

Wie viele Bücher sind nicht geschrieben worden, wie viele Lieder nie komponiert worden, wie viele Erfindungen nicht vollendet, weil Menschen zu sehr darauf bedacht waren, sich nicht zu blamieren, ihren Ruf nicht zu ruinieren. Gehen Sie ruhig Risiken ein. Was kann Ihnen Schlimmes passieren? Höchstens können Sie versagen. Aber Sie können nicht tiefer fallen als in Gottes offene Arme.

Mut ist nicht die Abwesenheit von Angst, sondern die Erkenntnis, dass anderes wichtiger ist als Angst.

Mut zur Leidenschaft

Trauen Sie sich, leidenschaftlich zu leben. Es tobt ein Kampf um Ihre Leidenschaft. Je besser Sie Ihre Gaben und Talente kennen, je mutiger und freier Sie sind, sie auch einzusetzen, auszudrücken, auszuleben, desto intensiver, leidenschaftlicher und aufregender wird Ihr Leben.

Mut, Fehler zu machen und dranzubleiben

Thomas Edison, der Erfinder der Glühbirne, bekam einmal von einem Reporter die Frage vorgelegt, ob er wirklich 2000 Fehlversuche gemacht hätte, bevor ihm die Erfindung gelungen war: „Ich hatte keinen einzigen Fehlversuch“, antwortete er. „Die Erfindung benötigte nur einen 2000 Schritte-Prozess.“ Er sah die unzähligen Experimente als Lektionen, nicht als Fehler. Er entschied sich, sie als Gelegenheiten zum Erfolg zu sehen, nicht als Fehlschläge. Edison wurde einer der größten Erfinder mit 1.093 Erfindungen und durchschnittlich einem Patent in jeder zweiten Woche seines Arbeitslebens. Er wusste, was es bedeutet, dranzubleiben.

Sie können es schaffen!

Glauben Sie es! Sie sind nicht hilflos Ihren Problemen und Ihrem wackeligen Selbstbild ausgeliefert. Sie sind kein „hoffnungsloser Fall". Veränderungen lohnen sich, auch wenn sie anstrengend sind. Den wichtigsten Schlüssel zu Ihrem Erfolg bekommen Sie nicht durch geeignete Fachliteratur oder ausgefeilte Konzepte. Er liegt, wie wir oben beschrieben haben, in Ihren Gedanken. Worauf es ankommt ist, was Sie über sich sagen und denken und was Gott über Sie gesagt hat: „Deine Schönheit ist vollkommen, meine Freundin, kein Makel ist an dir" (Hoheslied 4,7).

> Deine Schönheit ist vollkommen, meine Freundin, kein Makel ist an dir.
>
> (HOHESLIED 4,7)

Wie wäre es, wenn Sie Gottes Sicht der Dinge einfach einmal stehen lassen und sagen: „Danke für das Kompliment!" Sie sind sein „Augapfel", wichtig, wertvoll und bedingungslos geliebt.

Im Jahr 1959, als Jean Harper in der dritten Klasse war, sollten die Schüler einen Aufsatz darüber schreiben, was sie als Erwachsene einmal werden wollten. Jeans Vater war Pilot. In der kleinen, nordkalifornischen ländlichen Gemeinde, in der sie aufwuchs, streute er aus der Luft Mittel zur Schädlingsbekämpfung auf die Felder, und sie war völlig von Flugzeugen und vom Fliegen fasziniert. Sie legte ihr ganzes Herzblut in den Aufsatz und nahm alle ihre Träume mit hinein. Sie wollte Schädlingsbekämpfung aus der Luft betreiben, Fallschirmspringerin sein, Wolken erzeugen (das hatte sie einmal im Fernsehen gesehen) und Pilotin einer Fluggesellschaft werden. Sie bekam ihren Aufsatz mit einer schlechten Note zurück. Die Lehrerin erklärte, das alles sei ein „Märchen", und keiner der von ihr aufgezählten Berufe sei für eine Frau geeignet. Jean war niedergeschmettert und fühlte sich gedemütigt. Sie zeigte den Aufsatz ihrem Vater, und er versicherte ihr, dass sie natürlich Pilotin werden könne. „Schau dir Amelia Earhart an", sagte er.

„Diese Lehrerin weiß nicht, wovon sie redet."

Doch im Verlauf der Jahre wurde Jean durch die Entmutigung und die Ablehnung, die sie erfuhr, wenn sie von ihren Berufsplänen sprach, völlig zermürbt: „Mädchen können nicht Pilotin werden – das war nie so und wird auch nie so sein. Du bist nicht intelligent genug, du bist verrückt. Das ist völlig unmöglich!" Schließlich gab Jean die Idee auf.

In der letzten High-School-Klasse gab eine Mrs. Dorothy Slaton Englischunterricht. Sie war eine strenge, unnachgiebige Lehrerin, die hohe Ansprüche stellte und in Bezug auf Ausreden wenig Toleranz aufbrachte. Sie weigerte sich, ihre Schüler wie Kinder zu behandeln, und erwartete stattdessen von ihnen, dass sie sich wie die verantwortungsbewussten Erwachsenen verhielten, die sie sein mussten, wenn sie sich nach dem Schulabschluss in der realen Welt erfolgreich behaupten wollten. Jean hatte anfangs Angst vor ihr, lernte aber mit der Zeit, sie für ihre Strenge und Fairness zu respektieren.

Eines Tages stellte Mrs. Slaton der Klasse ein Aufsatzthema: „Was werdet ihr eurer Vorstellung nach in zehn Jahren tun?" Jean dachte darüber nach. Pilotin? Keine Chance. Flugbegleiterin? Ich bin nicht hübsch genug – sie würden mich nie nehmen. Ehefrau? Wer würde mich schon haben wollen? Kellnerin? Das könnte ich schaffen. Das fühlte sich ungefährlich an, also schrieb sie das nieder. Mrs. Slaton sammelte die Aufsätze ein, und dabei blieb es vorerst. Zwei Wochen später verteilte sie die Aufsätze wieder an die Schüler, die beschriebenen Seiten nach unten.

Dann stellte sie ihnen folgende Frage: „Was würdet ihr tun, wenn ihr unbegrenzte finanzielle Mittel, uneingeschränkten Zugang zu den besten Ausbildungsmöglichkeiten, unbegrenzte Talente und Fähigkeiten hättet?" Jean spürte, wie ihre ehemalige Begeisterung sie wieder überkam, und voller Erregung schrieb sie alle ihre Träume nieder. Als die Schüler fertig waren, fragte die Lehrerin: „Wie viele von euch haben auf beiden Seiten der Blätter dasselbe geschrieben?" Es hob sich keine einzige Hand.

Was Mrs. Slaton dann sagte, änderte Jeans Leben völlig. Die Lehrerin beugte sich vor. „Ich kann euch allen ein kleines Geheimnis verraten. Ihr habt unbegrenzte Fähigkeiten und Talente. Ihr habt Zugang zu den besten Ausbildungsmöglichkeiten, und ihr könnt für unbegrenzte finanzielle Mittel sorgen, wenn ihr etwas nur dringend genug wollt. Das ist es! Wenn ihr nach dem Schulabschluss nicht selbst versucht, eure Träume zu verwirklichen, wird es keiner für euch tun. Ihr könnt bekommen, was ihr wollt, wenn ihr es nur wirklich wollt."

Angesichts dieser Wahrheit schmolzen all die Verletzungen und Ängste, die sich in den Jahren der Entmutigung in Jean angesammelt hatten, förmlich dahin. Sie fühlte sich neu belebt und zugleich ein wenig erschreckt. Nach Unterrichtsschluss ging sie zum Schreibtisch der Lehrerin. Sie dankte ihr und erzählte ihr von ihrem Traumberuf als Pilotin. Mrs. Slaton erhob sich halb von ihrem Stuhl und schlug mit der Hand auf die Tischplatte. „Dann mach es!", sagte sie.

Und Jean machte es. Es geschah natürlich nicht über Nacht. Es bedurfte zehn Jahre harter Arbeit und Konfrontationen mit Widerständen, die von stiller Skepsis bis hin zu offenen Feindseligkeiten reichten. Es lag nicht in Jeans Natur, aufzustehen und sich durchzusetzen, wenn ihr jemand etwas abschlug oder sie demütigte; stattdessen versuchte sie, einen anderen Weg zu finden.

Sie wurde Pilotin für Privatflugzeuge und bekam dann die erforderliche Lizenz, um Frachtflugzeuge fliegen und sogar im Pendelverkehr eingesetzt werden zu können, aber immer als Kopilotin. Ihre Arbeitgeber zögerten ganz offen, sie zu befördern – weil sie eine Frau war. Selbst ihr Vater riet ihr, es mit etwas anderem zu versuchen. „Es ist unmöglich", sagte er. „Hör auf, mit dem Kopf gegen die Wand zu rennen."

Aber Jean erwiderte: „Dad, da bin ich anderer Meinung. Ich glaube, dass sich die Dinge ändern werden, und wenn das geschieht, will ich an der Spitze des Rudels sein."

Jean machte weiterhin all die Dinge, die ihre Lehrerin in der dritten Klasse für ein Märchen gehalten hatte. Sie versprühte aus der Luft Schädlingsbekämpfungsmittel, sprang einige hundert Male mit dem Fallschirm ab und „säte" sogar als Pilotin einen Sommer lang Wolken. 1978 wurde sie eine der ersten drei von United Airlines je akzeptierten Pilotenausbilderinnen und eine der fünfzig Pilotinnen, die damals in ganz Amerika für Linienflugzeuge zugelassen wurden. Heute ist Jean Harper Flugkapitän einer Boeing 737 bei United Airlines.

Es war die Kraft eines positiven Wortes am richtigen Ort. Es war der Funken der Ermutigung von Seiten einer Frau, die Jean respektierte, die dem unsicheren jungen Mädchen die Stärke und den Glauben verlieh, um seinen Traum verwirklichen zu können. Heute sagt Jean: „Ich entschied mich dafür, ihr zu glauben.“[7]

Step by Step – Heike

Kennen Sie das: Ein Berg Arbeit liegt vor Ihnen, und Sie haben das Gefühl, ihn niemals bewältigen zu können. Als wir unser Haus umbauten, musste eine tragende Wand entfernt werden, damit eine große Wohnküche entstehen konnte. Mit Hilfe von Freunden aus der Gemeinde wurde diese schwere, massive Wand eingerissen. Meine Aufgabe war, die schweren Steine und den Schutt aus dem Haus zu transportieren.

In Arbeitskleidung, mit derben Handwerkerhandschuhen und einer Schaufel bewaffnet ging ich ans Werk. Da lag dieser riesige, schmutzige Berg vor mir, fast höher als ich. Mutlos legte ich Stein für Stein in die Schubkarre, schob diese nach draußen durch den Garten zur Straße und leerte die Karre. Jedes Mal beim Zurückkommen ins Haus sah ich wieder diesen riesigen Berg voller Steine und Schutt. Und er wurde überhaupt nicht kleiner.

Da erinnerte ich mich an einen Spruch meines Mannes: „Wenn du einen Elefanten aufessen möchtest, wie machst du das?“ Ich wusste keine Antwort. „Stück für Stück“, lächelte er. So stand ich vor meinem Schuttberg und beschloss, den Elefanten zu essen. Stück für Stück, und nur darauf schauend, was ich gerade tat – nicht immer auf den ganzen Berg. Wer immer den ganzen Berg anschaut, wird schnell mutlos. Dann dauert es zu lange, bis man sein Ziel erreicht hat, und man gibt auf. Stück für Stück, mich über jede Schubkarre freuend, befreite ich mein Haus von der eingeschlagenen Wand. Ich bekam noch die Unterstützung einer lieben Freundin, die mit mir zusammen den Elefanten aß. Ich brauchte den ganzen Tag. Mir taten am Abend alle Knochen weh, aber ich habe es geschafft. Ich werde den Stolz in der Stimme meines Mannes bestimmt nicht vergessen, als er anerkennend bemerkte: „Mausi, du bist ja ein richtiger Elefantenfresser!“ Heute steht an dieser Stelle die Kochinsel meiner Küche. Das Schuften hat sich gelohnt.

---

7 aus: Jack Canfield / Mark V. Hansen: *Noch mehr Hühnersüppchen für die Seele.* München: Goldmann, 5. Aufl. 2004.

Genauso können Sie sich Ihr Ziel „Wunschgewicht" in kleine, erreichbare Ziele einteilen. Haben Sie niemals nur das große Ziel vor Augen, sondern immer auch den nächsten Schritt. Wenn Sie einen Schritt nach dem anderen gehen, ohne dabei das Ziel aus den Augen zu verlieren, dann haben Sie auf einmal den ganzen Weg geschafft. Sie können sich umdrehen und denken: „So schlimm ist es gar nicht gewesen."

Wenn jetzt noch 10, 20, 50 oder mehr Kilo vor Ihnen liegen, dann ist das viel auf den ersten Blick. Aber wenn Sie nach Erreichen Ihres Ziels zurückblicken, dann vergessen Sie den langen Weg. Dann haben Sie es geschafft. Sie werden die Anerkennung der anderen ernten. Aber das schönste Gefühl wird es sein, dass Sie auf sich selbst stolz sind.

> Er erfülle dir, was dein Herz wünscht, und lasse deine Pläne gelingen.
>
> PSALM 20,5

Ein gesetztes Ziel erreicht zu haben gibt so viel Selbstvertrauen, dass es Sie befähigen wird, neue Wege zu gehen, neue Projekte in Angriff zu nehmen. Sie werden das Gefühl haben, Sie könnten alles erreichen. Und dieses Selbstvertrauen kann Gott in Ihnen nutzen, um Ihnen neue Aufgaben zu geben. Es wird dazu führen, dass Gott Sie in Ihre Berufung hineinführt und Ihnen Stück für Stück immer mehr zutraut. Nutzen Sie die Chance, die ergreift niemand für Sie. Das müssen Sie selbst tun. Sie schaffen das.

Ein Ziel setzen – Heike

> If you can dream it, you can do it!

„Mama, hattest du in meinem Alter eigentlich auch Träume?", fragte mich mein 14-jähriger Sohn Manuel. „Was für Träume meinst du denn?", erwiderte ich. „Na ja, was du im Leben mal erreichen möchtest", erklärte er. „Also ich stelle mir vor, ein berühmter Schauspieler zu werden, dann besitze ich ganz viel Geld, kaufe mir eine Villa auf einer einsamen Insel, auf der noch niemand lebt. Und dort lebe ich mit meinem Bruder Jonathan, der ein berühmter Erfinder wird, ganz alleine. Wir werden eine Yacht haben, einen Swimmingpool und noch viele Dinge mehr." – „Was wollte ihr denn alleine auf einer Insel machen, und wo bekommt ihr Strom und Wasser her?", versuchte ich ihn zu überzeugen, dass seine Wünsche etwas abgehoben waren. Eine lange Diskussion entstand. Gegen seine kindliche Naivität stand meine von Erfahrungen geprägte Vernunft, aber eines faszinierte mich dabei: Er nahm mich mit hinein in die unbeschwerte Leichtigkeit eines

Teenagertraums. Er erinnerte mich daran, dass man als Kind Wünsche und Träume hat, die von vernünftigen Grenzen noch nichts wissen. Als Kinder haben wir solche Träume sicherlich alle gehabt. Jeder von uns hat sich Gedanken darüber gemacht, wie sein Leben einmal verlaufen sollte. Nun sind wir erwachsen und unsere Träume gehen uns oftmals im stressigen Alltag verloren.
Haben Sie noch Träume? Oder sind sie Ihnen verloren gegangen?

Vielleicht sind Sie in Ihrem Job so eingebunden, dass es Ihnen sehr schwer fällt, nach Feierabend auch noch in der Küche zu stehen und eine gesunde, leckere, leichte Mahlzeit zu kochen. Als Familienfrau wächst Ihnen die ganze Hausarbeit über den Kopf. Wo bleibt da noch Zeit für Bewegung? Das Geld ist jeden Monat knapp. Wie sollen Sie sich da gesund, vollwertig und leicht ernähren, zumal wenn Light-Produkte oft mehr kosten als die fettige Alternative? Den ganzen Tag haben Sie Ihre kleinen Kinder um sich, abends sind Sie froh, wenn die Rasselbande im Bett ist, da muss man sich doch einfach mit etwas Essbarem belohnen.
Es gibt viele Gründe dafür, warum wir unser Gewicht nicht in den Griff bekommen, aber – können wir als Erwachsene nicht auch wieder anfangen zu träumen? Schließen Sie doch einmal Ihre Augen und fangen Sie an:

Sie haben sich entschieden, auszusteigen aus dem Hamsterrad, und wollen die Welt neu entdecken. Sie fangen bei sich selbst an. Sie möchten Gott Raum geben in Ihrem Leben und sich durch ihn verändern lassen. Sie möchten, dass er das Beste an Ihnen zum Vorschein bringt. Sie haben konkrete Ziele, wie Sie sich verändern wollen. Eins davon ist eine Gewichtsabnahme. Und mit Gottes Hilfe schaffen Sie es: Durch die Veränderung, die Sie an Körper, Geist und Seele erleben, verändert sich Ihr gesamtes Erscheinungsbild. Man sieht Ihnen nicht nur äußerlich an, dass Sie sich verändert haben, sondern Sie strahlen ein Selbstbewusstsein und eine Leichtigkeit aus, die aus Ihrem tiefen Inneren kommt. Sie betrachten sich im Spiegel, lächeln sich an, denn Sie sind mit dem Ergebnis sehr zufrieden. Sie wissen, Sie sind geliebt, von Gott und von sich selbst.

Ist dieser Traum zu hoch gegriffen? Ich glaube nicht. Ich bin mir sicher, dass jede Frau dieses Ziel erreichen kann. Wer sind Sie, dass Sie es nicht schaffen? Warum aber geben wir oft nach einigen Rückschlägen wieder auf?

Träume werden oft nicht Wirklichkeit, weil sie unrealistisch, zu weit entfernt von unseren Möglichkeiten und nicht klar formulierbar sind. Um einen Traum Wirklichkeit werden zu lassen, muss man ihn als Ziel definieren können, daran glauben, und Gott um seine Hilfe bitten bei der Erfüllung dieses Traums: „Freu dich am Herrn, und er wird dir geben, was dein Herz wünscht. Überlass dem Herrn die Führung deines Lebens und vertraue auf ihn, er wird es richtig machen." (Psalm 37,4-5)

Träume nicht dein Leben, lebe deinen Traum!

Gott will uns unsere Wünsche erfüllen. Wenn ich mein Leben in Gottes Hände lege, ihm vertraue, dass er alles gutmachen will, dann wird er mir die Wünsche und Ziele in mein Herz legen.

Ein Ziel zu definieren ist deshalb der erste Schritt, um Veränderung in meinem Leben zu bewirken. Ohne Ziele wird mein Traum niemals Wirklichkeit werden. Ein Ziel zu definieren ist also auch die Voraussetzung dafür, dass ich mein Gewicht verändere.
Wie kann dieses Ziel aussehen?

Ein Ziel sollte …
1. klar definiert sein;
2. realistisch sein;
3. für mich motivierend sein.

1. Ein klar definiertes Ziel

Wenn Sie in den Urlaub fahren möchten, wie bereiten Sie sich vor? Steigen Sie mit Gepäck, Kind und Kegel ins Auto und fahren einfach drauflos? Sicherlich nicht. Der Urlaub muss vorbereitet werden und vor allen Dingen müssen Sie wissen, wohin Sie wollen. Wenn Sie nicht wissen, wohin Sie fahren möchten, werden Sie Ihr Ziel auch nicht erreichen.
Glauben Sie, dass Sie langfristigen Erfolg haben, wenn Sie einfach anfangen, weniger zu essen? Werden Sie Ihr Ziel, schlank zu sein, erreichen, wenn Sie irgendwie, irgendwann, irgendwo abnehmen? Welche Erfahrungen haben Sie bisher damit gemacht? Sind aus den Absichtserklärungen, ein paar Pfund los-

zuwerden, echte Ziele geworden? Ungenau definierte Ziele verblassen mit der Zeit und die alten Gewohnheiten schleichen sich schnell wieder ein. Haben Sie dann kein konkretes Ziel vor Augen, wissen Sie nicht mehr, wo Sie hinmöchten, und die Willenskraft lässt nach. Nicht gesetzte Ziele können auch nicht erreicht werden.

Vor einer Urlaubsreise wissen Sie ganz genau, wohin Sie fahren möchten. Sie haben sich vielleicht erkundigt, wie viele Kilometer es bis zum Urlaubsort sind. Ist die Strecke sehr lang, wird im Vorfeld überlegt, ob eine Übernachtung eingeplant wird. Pausen werden einkalkuliert und Proviant für die Strecke berechnet. Aber eins wissen Sie während der ganzen Fahrt: Am Ende der Reise sind Sie am Ziel und können Ihren Urlaub genießen.

„Ab heute nehme ich ab!" ist kein Ziel, sondern eine schwammige Aussage, die nichts bedeutet. Eine Bekannte von mir hat ein Poster mit diesem Spruch über ihrem Bett hängen. Jeden Morgen wenn sie aufsteht, sieht sie ihn: „Ab morgen nehme ich ab!", und jeden Morgen denkt sie: „Na, dann habe ich ja noch einen Tag."

Kennen Sie das? Jeden Morgen wachen Sie mit dem Gedanken auf: „Ab heute schaffe ich es. Ab heute achte ich auf meine Portionsgrößen, ab heute esse ich weniger, ab heute nehme ich mehr Gemüse zu mir, ab heute gibt es keine Schokolade mehr, ab heute treibe ich mehr Sport, ab heute nehme ich ab!" So vergeht ein Tag nach dem anderen, ein Monat nach dem anderen und ein Jahr nach dem anderen, aber es verändert sich nichts.

Ein konkretes Ziel ins Auge zu fassen heißt, sich hinzusetzen und zu überlegen: „Was will ich überhaupt erreichen? Wie sieht mein Ziel denn aus? Wie sehe ich beim Erreichen dieses Ziels aus?" Dieses Ziel sollte in Worte gefasst und aufgeschrieben werden. Nur so wird es für Sie konkret und kann sogar bei Bedarf, wenn das Ziel mal aus den Augen verloren wird, wieder nachgelesen werden.

2. Ein realistisches Ziel

Eine allein erziehende Mutter mit drei Kindern, die monatlich nicht mehr als 1500 € zur Verfügung hat, wird wohl kaum das Ziel haben, jedes Jahr für vier Wochen auf die Malediven zu fliegen. Jemand, der die Bequemlichkeit eines Hotels und die Sonne im Süden liebt, wird wohl kaum einen Campingurlaub an der Nordsee buchen. Sind Sie berufstätig und zwölf Stunden am Tag aus dem Haus, werden Sie wohl kaum jeden Tag zwei

Stunden Sport treiben. Weil unsere Lebensbedingungen unsere Möglichkeiten bestimmen, ist es wichtig, dass Ihr Ziel auch zu Ihrem Lebensstil passt bzw. realistisch ist.
In vielen Frauenzeitschriften werden Diätversprechen abgegeben, die nicht gesund, aber vor allen Dingen völlig unrealistisch sind. Die gesunde Durchschnittsabnahme liegt bei 500 g die Woche. Wenn Sie sich also ein Ziel in Kilogramm setzen, dann bedenken Sie dies. Planen Sie auch Festivitäten und Außergewöhnliches, ja sogar auch mal Rückschläge mit ein. Aber bleiben Sie dabei trotzdem konkret. Überdenken Sie Ihre Möglichkeiten, wenn Sie ein Bewegungspensum planen. Überlegen Sie sich ein Ziel, das Sie auch nach Jahren noch nicht aus den Augen verlieren. Wenn Sie z. B. eher unsportlich sind, dann fangen Sie langsam mit der Bewegung an, steigern Sie sich Woche für Woche und streben Sie dem Ziel entgegen, sich dreimal die Woche zu bewegen.

Die gesunde Durchschnittsabnahme liegt bei 500 g die Woche.

Essen Sie für Ihr Leben gerne Schokolade, dann streichen sie diese nicht völlig von Ihrem Speiseplan, sondern genießen Sie ab und zu mal ein Stück. So haben Sie während Ihrer Abnahme und auch beim Gewichthalten immer das sichere Gefühl, dass das was Sie machen, auch zu Ihnen passt.

3. Ein Ziel, das Sie motiviert

Ein Ziel muss für Sie selbst attraktiv und motivierend sein. Sie müssen einen Gewinn davon haben und sich über das Erreichte freuen können. Haben Sie das Ziel dann erreicht, wartet eine Belohnung auf Sie. Erreichen Sie Ihr Wunschgewicht, fühlen Sie sich wohler in Ihrer Haut und ernten allgemeine Anerkennung Ihrer Mitmenschen, können außerdem wieder Kleider „von der Stange" kaufen. Bewegen Sie sich regelmäßig, steigern Sie Ihr Wohlbefinden, verbessern Ihren Gesundheitszustand und können Ihr Gewicht leichter halten. Motivation und Attraktivität eines Zieles helfen Ihnen, Schwierigkeiten zu überwinden und Durststrecken auszuhalten. Da Sie genau wissen, was für Sie motivierend und attraktiv ist, können auch nur Sie entscheiden, wie Ihr Ziel aussieht. Achten Sie bei der Formulierung darauf, dass es sich dabei um eine positive Aussage handelt. Dabei sollen Sie erkennen, welchen Gewinn Sie dadurch erhalten.

Mein Ziel

Vor Beginn meiner Abnahme hatte ich jahrelang nur lange Blusen oder Pullis über meinen Hosen getragen – ansonsten kaschierte ich meine Hüften mit einem weiten Blazer. Nachdem ich nun aufs Neue motiviert war, den Kilos zu Leibe zu rücken, träumte ich von kurzen T-Shirts und engen Etuikleidern. Ich sah einer schlankeren Zukunft entgegen. Bald fing ich an, in Katalogen nach hübschen Outfits zu blättern. Mein Ziel lautete damals: „Ich möchte diesen Sommer Kleidergröße 38 tragen und mir ein neues, figurbetontes Kleid kaufen." Dieses Ziel war für mich realistisch, klar definiert und motivierte mich überaus.
Ließ die Motivation nach, probierte ich in einer Boutique Hosen oder Röcke an, um zu sehen, ob ich schon eine kleinere Kleidergröße tragen konnte – alle 4–5 Wochen passte eine kleinere Größe.

Geschafft

Niemals werde ich den Tag vergessen, an dem ich mit meiner Freundin Susanne in der Stadt shoppen ging: In einer Ankleidekabine probierte ich einen cremefarbenen Rock in Größe 40 an und er war zu weit. Ganz lässig hielt ich den Rock über die Tür und rief lächelnd durch den ganzen Laden meiner Freundin zu: „Sanne, bring mir den doch mal in Größe 38!"
Damals dachte ich allerdings noch nicht daran, dass es nicht bei diesem einen Rock bleiben würde. Nach und nach musste ich meine komplette Garderobe erneuern.
Mittlerweile trage ich keine langen Pullis oder Blusen mehr über meinen Hosen und genieße das gute Gefühl, schlank zu sein. Zum ersten Mal seit Jahren hängt nur eine Kleidergröße in meinem Kleiderschrank.

Und noch mehr Ziele

Etwas anderes motivierte mich mindestens genauso: Kurz vor der Schwangerschaft mit meinem zweiten Kind kaufte ich mir eine Jeans; damals war ich noch schlank. Ich konnte die Hose nur fünf Monate lang tragen, aber bereits in dieser kurzen Zeitspanne wurde sie zu meiner Lieblingsjeans. Fünf Jahre lag das gute Stück nun schon unangezogen im Schrank und wartete nur darauf, dass seine Besitzerin endlich wieder hineinschlüpfte. Das war mein Ziel: Ich wollte wieder in diese Hose passen. Anfangs, mit Größe 44, konnte ich die Jeans nicht einmal über meine Oberschenkel ziehen, doch von Woche zu Woche konnte ich sie etwas höher ziehen. Irgendwann war es dann soweit: Ich konnte die Hose ganz hoch ziehen; vom Zumachen konnte allerdings noch lange nicht die Rede sein. Bildlich stellte ich mir nun vor, wie ich mein Lieblingsstück wieder tragen konnte. Als ich kurz vor Ende meiner Abnahme ca. 12 kg abgenommen hatte, kam der Moment, auf den ich so lange gewartet hatte. Die Hose hochgezogen, lag ich auf dem Bett, zog den Bauch ein, atmete aus und hielt die Luft an. Für 20 Sekunden blieb die Hose zu – dann riss ich, nach Atem ringend, den Reißverschluss wieder auf. Ich fühlte mich wie im siebten Himmel: Meine Jeans passte wieder! Irgendwann wurde sie dann fast zu weit. Ich hatte es geschafft.

Und Ihr Ziel?

Wie sehen Ihre Ziele aus? Aus welchem Stoff sind Ihre Träume? Was möchten Sie erreichen? Welchen Nutzen bringt es Ihnen? Besitzen Sie ein Kleidungsstück, in das sie wieder passen möchten? Steht ein Ereignis bevor, bei dem Sie gerne schlank sein möchten? Oder haben Sie es nur einfach satt, sich von Diät zu Diät zu hungern, und möchten ein normales Essverhalten annehmen?

Formulierungshilfen

Bei der Zielformulierung sollten Sie sich immer die Fragen stellen:
Motivieren mich diese Aussagen?
Lohnt es sich dafür die Veränderung anzugehen?
Welchen Gewinn habe ich davon?

Es geht bei der Zielsetzung darum, das Gefühl eines zukünftigen Zustands schon heute mental zu erleben, eben um diesen Zustand besser anstreben zu können. Fangen Sie an zu träumen – und leben Sie Ihren Traum. Sie schaffen es!

Ein Foto von unserem Frauenwochenende machte mir endgültig klar: Ich musste endlich abnehmen. Ich setzte mir ein Ziel: meine Kleidergröße von 42 auf 38 zu reduzieren. Belohnen wollte ich mich mit einer engen Jeans und einem Bikini. Um dieses Ziel zu erreichen, half mir die Unterstützung der Gruppe. Sprüche wie „Für Sekunden auf den Lippen – für Jahre auf den Rippen" oder „Ich bin doch keine Biotonne" kamen mir immer wieder in den Sinn und haben mir geholfen. Ich habe acht Kilo abgenommen und halte mein Gewicht seit drei Jahren. Heute habe ich immer noch ein Ziel vor Augen – nämlich, dass die Hose, die ich mir damals gekauft habe, nicht zwickt, sondern gut passt und ich mich auch weiterhin im Bikini zeigen kann!

Dana Bausenwein, 39 Jahre

Frei werden vom schlechten Gewissen – Heike

Kennen Sie eine Frau, die voller Genuss isst? Ohne Hemmungen, ohne einen Gedanken an irgendwelche Kalorien oder die Befürchtung, davon dick zu werden? Die sich hinsetzt, ihr Essen genießt und dabei kein schlechtes Gewissen hat? Ich kenne nur sehr wenige, aber möglich ist es.

Wenn ich in einem Restaurant sitze, genieße ich die köstlich zubereiteten Speisen, die mir der Kellner an den Tisch bringt. Zu Hause auf dem Sofa gemütlich vor dem Fernseher genieße ich meine Salzstangen und meinen Obstteller. Das Mittagessen, das ich für meine Familie und mich zubereitet habe, esse ich voller Lust. Selbst in stressigen Situationen, wenn sogar mal der Löffel ins Nutellaglas gleitet, lasse ich den zarten Schmelz auf der Zunge zergehen. Und denke: „Ist das lecker!"

Können Sie sich das vorstellen? Essen wieder zu genießen. Ohne den Funken eines schlechten Gewissens. Kein Kalorienzählen im Kopf. Kein Gedanke, ob Sie das dick macht oder nicht. Und vor allen Dingen, mal wieder richtig satt werden.

Wann setzt bei uns Menschen überhaupt das schlechte Gewissen ein? In einem Lexikon habe ich folgende Definition gefunden: „Gewissen: Innerer Kontrollmechanismus des Menschen, der mit Schuldgefühlen (‚schlechtes Gewissen') reagiert, wenn er ein von Normen und Werten abweichendes Verhalten hat."

Unser schlechtes Gewissen setzt dann ein, wenn wir meinen, etwas falsch gemacht zu haben. Durch zu viel Essen, zu süßes, zu salziges, zu fettes Essen schaden wir unserem Körper. Trotzdem möchten wir in den meisten Fällen mit dem Verhalten „Essen" für uns etwas Positives erreichen, auch wenn es für den Körper und die Abnahme in diesem Moment negativ scheint.

Endlich Feierabend

Wenn ich abends vor dem Fernseher noch esse, genieße ich meinen „Feierabend", frei nach dem Motto: „Wer nicht genießt, wird ungenießbar." Die Rasselbande ist endlich im Bett, die Küche aufgeräumt und nun bin ich an der Reihe. Wenn ich alleine, mit einer kleinen Leckerei, vor dem Fernseher sitze, kann ich den Tag so richtig gemütlich ausklingen lassen: So tue ich meiner Seele etwas richtig Gutes.

Stress

Wenn ich unter Zeitdruck stehe, weil ich einen Termin und vorher noch allerlei zu erledigen habe, greife ich schon mal wahllos in den Kühlschrank, um meinen Hunger zu stillen. In diesem Moment bleibt mir keine Zeit zu kochen, der Magen knurrt und ich gebe nach.

Langeweile

Wenn ich mit mir und der Welt nichts anzufangen weiß, keine Lust zum Putzen, Basteln, Spielen mit den Kindern oder Sonstigem habe, durchsuche ich auch schon mal die Küchenschubladen nach etwas Leckerem; so besiege ich meine Langeweile.

> „Lohnt sich das?", fragt der Kopf.
> „Nein", sagt das Herz, „aber es tut gut."
>
> JOCHEN MARISS

Frust

Sehe ich die Unordnung in den Zimmern meiner Kinder und reagiere mit einem mütterlichen Ausbruch von Reinlichkeitswahn, brauche ich zum Sinken meines erhöhten Adrenalinspiegels mindestens fünf gehäufte Teelöffel Nutella. Danach schlägt der Puls wieder normal.

Auswärts

Bin ich mit Freunden im Restaurant, genieße ich die köstlich zubereiteten Speisen und werde mich hüten, von dem bezahlten Essen etwas auf dem Teller übrig zu lassen.
Bin ich bei Freunden zum Essen eingeladen, genieße ich die kreativen Kochkünste meiner Freundin.

Gut für mich

Es gibt immer wieder Situationen, in denen Essen einen positiven Nutzen für uns zu haben scheint: Essen belohnt uns für den überstandenen Tag, beruhigt uns bei Stress, besiegt unsere Langeweile, lässt uns unseren Ärger im wahrsten Sinne des Wortes herunterschlucken und schafft eine gemütliche Atmosphäre. All das ist an und für sich ja nichts Schlechtes oder Falsches. Das Verhalten „Essen" ist oft nur eine Reaktion auf einen Umstand. Allerdings macht sich diese Reaktion mit der Zeit auf unseren Hüften bemerkbar.
In den seltensten Fällen ist Essen eine negative Verhaltensweise, die Ihnen ein schlechtes Gewissen schaffen müsste. Die Frage ist nur: „Wie kann ich den glei-

chen positiven Effekt erhalten, ohne die negative Nebenwirkungen ebenfalls zu erfahren?“

Was soll das?

Ich stelle mir immer die Frage: „Was willst du mit dem Essen erreichen?“
Habe ich für mich die Antwort gefunden, suche ich nach einer guten Alternative, die mich vom Essen abhält und dennoch befriedigt.

Gute Alternativen

Schon vor einigen Jahren habe ich mir abgewöhnt, abends vor dem Fernseher zu essen. Stattdessen gehe ich joggen, spiele Klavier, lese, nähe oder schreibe an meinem Notebook. Diese Tätigkeiten verschaffen mir die gleiche Entspannung – und ich „muss“ nichts essen.
Sitze ich dann tatsächlich einmal vor dem Fernseher, genieße ich auch etwas zum Knabbern – und zwar mit gutem Gewissen. Ich weiß ja, dass das nicht jeden Abend vorkommt und eher die Ausnahme bleibt.
In Stresssituationen bin ich immer noch sehr anfällig. An guten Tagen ziehe ich mich für fünf Minuten in mein Schlafzimmer zurück und bitte Gott um Ruhe. Auf meinem Bett liegend, die Augen geschlossen, mit einem Gebet im Herzen, atme ich einige Male bewusst aus und ein; so kehre ich oft viel entspannter wieder auf die Bildfläche zurück und Vieles geht mir leichter von der Hand.
Bei Ärger mit den Kindern oder auf der Arbeit versuche ich, jemanden zu finden, bei dem ich mir meinen Frust von der Seele reden kann. Meistens ist mein Mann der Erste, der greifbar ist, aber ich rufe auch hin und wieder eine Freundin an.
Im Restaurant und bei Freunden genieße ich das Essen, versuche die fettreichen Lebensmittel zu meiden und denke: „Das genießt du jetzt mit allen Sinnen – dafür gehst du morgen eine Stunde laufen und isst mehr Obst und Gemüse.“ Ich erfreue mich bewusst am Zusammensein mit meinen Freunden, an der schönen Atmosphäre im Restaurant, so dass das Essen in den Hintergrund gerät.

Üben, üben, üben

Es erfordert einiges an Übung, um sich in den einzelnen Situationen gegen die schnelle Lösung „Essen“ zu entscheiden, aber je öfter Sie es versuchen, desto selbstverständlicher wird es. Ganz egal wie Sie sich entscheiden: Ein schlechtes Gewissen brauchen Sie nicht zu haben, denn Sie wollen sich eigentlich etwas Gutes tun. Selbst wenn Sie ihrem Verlangen nach Essen nachgeben: Dann klappt

Holen Sie Ihr Rad aus dem Keller. Treten Sie in die Pedale und genießen Sie die Tour. Denn heute beginnt der Rest Ihres Lebens.

es mit der Alternative eben das nächste Mal. Wenn Sie Ihre Seele mit Essen erfreuen, ist das nichts, wofür Sie sich schämen müssten. Es ist vielleicht ärgerlich, wenn Sie gerade gegen zu viele Pfunde kämpfen. Aber morgen ist auch noch ein Tag; es ist noch kein Meister vom Himmel gefallen.

Nehmen Sie sich erst einmal eine einzige Verhaltensweise vor, die Sie ändern möchten. Beten Sie darum, dass Gott Ihnen hilft, und arbeiten Sie so lange daran, bis die Veränderung zur Routine geworden ist. Wenn Sie Ihr Verhalten umgestellt haben, wenden Sie sich der nächsten Situation zu. Nicht vergessen: Machen Sie immer nur einen Schritt nach dem anderen; versuchen Sie nicht, den ganzen Weg mit einem einzigen großen Sprung zu bewältigen.

Ich habe angefangen, viele Verhaltensweisen zu verändern, doch manch eine verändere ich bewusst nicht. So werden auch Sie einiges ändern und anderes beibehalten. Entscheiden Sie, was für Sie wichtig ist, was Sie verändern möchten – und das bitte mit einem guten Gewissen!

Machen Sie immer nur einen Schritt nach dem anderen; versuchen Sie nicht, den ganzen Weg mit einem einzigen großen Sprung zu bewältigen.

Abnehmen und ehrlich sein

Ein Erfahrungsbericht von Marion Rühl

Abnehmen hat mit Ehrlichkeit zu mir selber zu tun. Was nützt es mir, wenn ich zwar Kalorien zähle, aber jeden Tag eine ganze Menge einfach unterschlage? Oder ich nehme mir vor, nur zu essen, wenn ich wirklich Hunger habe. Rede ich mir dann bei jeder leckeren Speise ein, dass ich jetzt schon irgendwie Hunger habe, dann klappt auch das nicht. So versuche ich z.B. auch mit Essen aufzuhören, wenn ich satt bin. Aber wie oft esse ich trotzdem weiter, nur weil es gerade so gut schmeckt. Warum esse ich eigentlich? Aus Hunger? Sehr oft, ich möchte fast sagen in den meisten Fällen, esse ich, weil ich müde bin, frustriert bin, mich vor einer Arbeit drücken will, mich einsam fühle, mich freue, mir etwas Gutes tun will (diese Liste lässt sich beliebig verändern).

Auch hier will und muss ich lernen, ehrlich zu sein und umzudenken. Ich habe mir aufgeschrieben, welche Dinge ich tun könnte, anstatt zu essen, und probiere gerade aus, das in die Praxis umzusetzen. Aber es ist so schwer, wenn man jahrzehntelang alle Gefühle mit Essen verarbeitet oder betäubt hat. Ehrlichkeit zu mir selbst heißt, darauf zu achten, was meinem Körper gut tut und was ihm schadet. Ganz eng damit verbunden ist auch das Versagen. Wenn ich versage, d.h. einen Ess-Anfall habe, dann kann ich entweder beim nächsten Mal weiter Essen in mich reinschaufeln oder ich kann Gott um Vergebung bitten, mir selber vergeben und wieder von vorne anfangen. Immer mehr möchte ich lernen, meine Gefühle zu erkennen, sie – wo es nötig ist – von Jesus heilen zu lassen und nach und nach meinem Körper wieder zu vertrauen.

Ein eigenes Programm zusammenstellen

aus unserem Pool voller Tipps – Beate

Ich will mich verändern! Wo fang ich bloß an?

Ich kenne „gute Zeiten“ und „schlechte Zeiten“. In den guten Zeiten läuft alles wie von selbst. Das Leben ist herrlich, das Essen schmeckt mir gut und mein Gewicht ist kein Thema. Auch wenn es mal zu viele Pfunde sind – es passt!

Aber dann gibt’s auch die schlechten Zeiten. Das Leben ist schwer, mein Wunsch nach Belohnung durch zu viel oder „zu gutes“ Essen wächst und meine Pfunde belasten mein Gemüt noch mehr als meine Knochen. In den schlechten Zeiten halte ich Ausschau nach Hilfe. Ich suche nach einfachen Tipps, die mir helfen, wieder ins Lot zu kommen. Die mir ein Gerüst geben, wie ich die schleichenden Gewohnheiten in den Griff bekomme, die mich so lähmen. Die mir ein paar Ideen geben, wie ich meinen inneren „Schweinehund“ an die Kette legen kann. Ich weiß schon längst, dass nicht jeder Vorschlag bei mir funktioniert. Manche lehne ich regelrecht ab. Und doch tut es gut, sie zu lesen, die erprobten „Patentrezepte“ anderer. Anscheinend bin ich ja nicht allein mit meinen Problemen. Vielleicht kann ich einen Gedanken abwandeln und auf meine Situation anwenden. Vielleicht motiviert mich einer der Tipps, eine schlechte Angewohnheit abzulegen. Vielleicht wächst beim Lesen die leise Hoffnung, dass es doch möglich ist, Gewicht zu verlieren – und vielleicht sogar ein bisschen fliegen zu lernen.

> Der erste Schritt, einen Traum zu verwirklichen, ist aufzuwachen!

Der folgende Motivationspool für „schlechte Zeiten“ erhebt weder den Anspruch auf Vollständigkeit noch ist jede Idee gleichermaßen für jeden geeignet. Sie werden hier keine Kalorientabellen oder Tagespläne finden. Wir begleiten Sie durch die Herausforderungen eines ganz normalen Tages und bieten Ideen und Alternativen für Ihre Ernährung und Ihr Essverhalten. Ziehen Sie sich den Tipp raus, der für Sie passt. Was bei Ihnen funktioniert, wissen Sie als Experte für Ihre eigenen Bedürfnisse selbst am besten.

First Things First

Ohne Termin keine Tat!

Sagen Sie, dass Sie umsteigen

Kündigen Sie Ihr Vorhaben abzunehmen an. Viele Frauen spornt es nämlich an, wenn die Familie und die Freunde von Ihrem Vorsatz wissen. Erzählen Sie davon. Gar nicht so selten bekommen Sie sogar Mitstreiter, und gemeinsam macht es gleich doppelt so viel Spaß und erhöht noch einmal die Wahrscheinlichkeit, dass Sie durchhalten.

Bleiben Sie realistisch

Sich satt essen, das leichtere Leben genießen – wie schnell können da überhaupt die Pfunde schmelzen? Eine realistische Abnahme beträgt 1 Pfund in der Woche. Immerhin! Wenn Sie dranbleiben, sind das im Jahr satte 26 Kilo weniger auf der Waage.

Seien Sie „smart". Setzen Sie sich konkrete Ziele

S*pezifisch*, z. B.: Ich melde mich in dieser Woche zum Nordic-Walking-Kurs an.
M*essbar*, z. B.: Ich senke meinen Cholesterinspiegel in diesem Jahr um 15 %.
A*kzeptiert*, z. B.: Ich möchte im Mai wieder in die Garderobe vom letzten Sommer passen.
R*ealistisch*, z. B.: Ich verbessere meine Fitness, indem ich zweimal in der Woche Sport mache.
T*erminiert*, z. B.: In den nächsten drei Monaten nehme ich vier Kilo ab.
Aber: Ihre Ziele sollten auch korrigierbar sein, wenn Ihre Planung in einem Fall nicht durchführbar war.

Gute Gewohnheiten

Ausreichend zu trinken ist Ihnen inzwischen in Fleisch und Blut übergegangen? Klasse! Auf Ihre Walking-Tour am Morgen verzichten Sie nur höchst ungern? Kompliment! „Laufend" zwischendurch zu essen, haben Sie sich abgewöhnt? Toll! Je mehr gute Gewohnheiten Sie in Ihrem Alltag verankern, desto besser für Ihren Weg in ein leichteres Leben!

Beates Tipp: Führen Sie ein „Leichter leben"-Tagebuch

Formulieren Sie die Ziele für Ihre Gesundheit, Abnahme, Ihre Fitness schriftlich und vor allen Dingen positiv. Wer ein konkretes und attraktives Ziel vor Augen hat, kann die Alltagshürden leichter nehmen. Ein „Leichter leben"-Tagebuch kann Ihnen helfen, Ihre Vorsätze zu überprüfen und Ihnen trotz Aussetzern auf der Spur zu bleiben. Gerade nach einer Reihe von Feiertagen oder dem Urlaub trage ich mein „Startgewicht" in mein Tagebuch ein und freue mich, wenn das Gewicht wieder im „grünen Bereich" ist. Sie können es nutzen, um aufzuschreiben, wann Sie was essen – als eine Art Ernährungstagebuch – und kommen so Ihren persönlichen Fallstricken auf die Schliche.

Ich darf essen, was ich will, aber nicht wann und so viel ich will.

Was Ihnen 10 Kilo weniger bringen

Allerhand! Eine Senkung des Blutdrucks um 10–15 %. Ein erhöhter Cholesterinspiegel senkt sich um 15 %. Gleichzeitig steigt der Anteil des „guten" HDL-Cholesterins um 8 % und erhöhte Triglyzeride senken sich um 30 %.

Basiswissen Ernährung

Kohlenhydrate: Kohlenhydrate sind die Fit- und Sattmacher aus der Pflanzenwelt und stellen für uns den größten Energielieferanten dar. Je höher der Anteil an stärkehaltigen, komplexen Kohlenhydraten und Ballaststoffen, desto sättigender ist die Mahlzeit. Vollkornprodukte, Hülsenfrüchte und das ballaststoffreiche Obst und Gemüse sickern beim Abbau nur tröpfchenweise ins Blut und sorgen so für einen langsamen Anstieg des Insulinspie-

Basiswissen Cholesterin

Cholesterin ist nicht grundsätzlich „böse". Es wird sogar vom Körper selber hergestellt und erfüllt wichtige Funktionen. Cholesterin kann aber auch über tierische Nahrungsmittel wie Butter, Eier, Fleisch und Innereien aufgenommen werden. Sind die Zellen ausreichend gefüllt, bleibt das überflüssige Cholesterin im Blutkreislauf und erhöht den „Cholesterinspiegel". Das Zuviel lagert sich an den Wänden der Blutgefäße ab, verursacht Gefäßverengungen und führt dazu, dass das Blut mit noch größerem Druck durch die Blutbahn gepumpt werden muss. Wenn weitere Risikofaktoren wie Übergewicht, Diabetes oder Rauchen hinzukommen, steigt die Gefahr für die Gefäße stark an. Logische Folgeschäden sind Arterienverkalkungen und Bluthochdruck, beides begünstigende Faktoren für den Herzinfarkt. Um den Cholesterinspiegel zu senken, sollten Sie fettreiche tierische Lebensmittel durch fettarme Varianten ersetzen. Ungesättigte Fettsäuren, wie sie in pflanzlichen Ölen vorkommen, können den Cholesterinspiegel positiv beeinflussen. Besonders geeignet: Raps- und Olivenöl.

gels. Ballaststoffe regen an zu kauen, quellen im Verdauungstrakt, vergrößern so das Volumen der Nahrungsmasse und regen die Verdauung an.

Fett: Zu viel Fett macht dick, stimmt! Aber Achtung: Täglich sollten Sie zumindest die Fette aufnehmen, die der Körper nicht selbst herstellen kann; hochwertige Fette mit den so genannten essenziellen Fettsäuren. Im Eifer, möglichst schnell Gewicht zu verlieren, verzichtet so mancher „Abnehmer" ganz auf Fett. Falsch! Viele einfach ungesättigte Fettsäuren liefern: Raps-, Oliven-, Erdnuss-, Haselnuss- und Mandelöl. Viele mehrfach ungesättigte Fettsäuren liefern:

Walnuss-, Sonnenblumen-, Maiskeim-, Soja-, Distel-, Lein-, Trauben-, Kürbiskern- und Sesamöl. Einen hohen Anteil an Omega-3- und Omega-6-Fettsäuren finden Sie in Maiskeim-, Sonnenblumen-, Sesam-, Distel-, Baumwollsaat-, Lein-, Soja-, Raps- und Nussöl. Bei Margarine sollten Sie auf einen Anteil von 50 % ungesättigten Fettsäuren achten – und den Hinweis, dass sie frei von ungehärteten Fetten ist. Aufpassen: Nicht jede Diätmargarine ist eine Halbfettmargarine! Zum Braten besonders gut geeignet: Rapsöl, Olivenöl, Maiskeimöl. Für Salat: Keimöle wie Weizenkeimöl, Distelöl, Sonnenblumenöl. Fett sparen können Sie bei tierischen Produkten wie fetten Fleisch-, Wurst- und Käsesorten, Torten, Sahne und Schokolade.

Genießen in Maßen – nicht in Massen.

Fettsäuregehalt verschiedener Öle in Prozent

	Einfach ungesättigte Fettsäuren	Mehrfach ungesättigte Fettsäuren	Gesättigte Fettsäuren
Rapsöl	55	32	8
Olivenöl	71	9	15
Mandelöl	65	23	8
Walnussöl	16	68	11
Maiskeimöl	26	55	15
Distelöl	12	74	10
Sonnenblumenöl	22	61	12

Eiweiß: Eiweiß ist für unseren Körper unverzichtbar. Es findet sich vor allem in Fleisch, Milchprodukten, Eiern, Fisch, Getreide und Hülsenfrüchten. Das tierische Eiweiß ist für den menschlichen Körper leichter zu verwerten als das pflanzliche. Die höchste „Wertigkeit" erzielen Sie, indem Sie tierische und pflanzliche Nahrungsmittel kombinieren. Zum Beispiel die eiweißreiche Kartoffel mit Quark, Eiern, Milch oder Milchprodukten. Kombinieren Sie Getreide (Reis, Buchweizen, Weizen, Hafer, Dinkel, Gerste, Roggen, Hirse) mit Hülsenfrüchten (Bohnen,

Soja, Kichererbsen, Erbsen, Linsen). Weitere günstige Kombinationen: Getreide mit Ei, Milch oder Milchprodukten (Dickmilch, Joghurt, Quark, Käse).

Kalzium: Kalzium wird für den Aufbau und zur Festigung von Knochen und Zähnen benötigt. Wegen des erhöhten Osteoporose-Risikos bei Frauen ist es wichtig, einem Mangel vorzubeugen. Außerdem diskutiert die Fachwelt, ob eine hohe Kalziumzufuhr die Abnahme begünstigt. Wenn sich Kalzium im Blut befindet, gibt das den Fettzellen anscheinend ein Signal, kein Fett einzulagern, sondern Fett zu verbrennen. Kalzium findet sich in Milch und Milchprodukten, aber auch in „grünen" Gemüsesorten wie Grünkohl, Lauch, Broccoli, Spinat und Fenchel. Mineralwasser mit einem Gehalt von über 150 mg/l gilt ebenfalls als gute Kalziumquelle. Frauen, die sich kalzium- und Vitamin-D-reich ernähren, leiden deutlich seltener an PMS, dem prämenstruellen Syndrom. Vitamin D tanken wir durch regelmäßiges und moderates Sonnenbaden, Eier und Fisch.

Sind Diät- und Light-Produkte zum Abnehmen besser?

Diätprodukte sind nicht immer kalorienarm. Im Reformhaus, in Drogerien und Supermärkten werden viele diätetische Lebensmittel angeboten. Sie sind jedoch nicht unbedingt kalorienreduziert. Manche sind auf die Bedürfnisse von Diabetikern zugeschnitten und enthalten statt normalem Zucker Fruchtzucker. Ein genauer Blick auf den Fettgehalt und die Zutatenliste lohnt sich. Nicht überall, wo Diät draufsteht, ist Kalorienarmes drin.

Auch „light" ist keinesfalls immer leicht. Ob leicht bekömmlich, leicht verdaulich, kalorienarm, locker und luftig oder einfach nur arm an Kohlensäure – der Grund für die Namensvielfalt liegt vor allem beim Gesetzgeber. „Light" ist kein lebensmittelrechtlich geschützter Begriff. Light-Produkte müssen also keine bestimmten Eigenschaften aufweisen. Bier mit reduziertem Alkoholgehalt darf sich ebenso „light" nennen wie Mineralwasser mit wenig Kohlensäure.

Lebensmittelrechtlich geschützte Bezeichnungen für Light-Produkte

Fettarm: Fettarme Produkte müssen mindestens 40 Prozent weniger Fett aufweisen als vergleichbare Durchschnittsprodukte.

Kalorienarm: Kalorienarme Produkte dürfen je 100 Gramm nicht mehr als 50 Kilokalorien (kcal) enthalten; kalorienarme Suppen, Getränke oder Brühen dürfen je 100 Milliliter 20 kcal nicht überschreiten.

Light
8
Scheiben
Fette
Slices

Kalorienreduziert: Lebensmittel mit um 40 Prozent reduziertem Energiegehalt im Vergleich zu normalen Durchschnittsprodukten.

Kalorienreduzierte Lebensmittel: Diese sollen eine Mahlzeit oder eine Tagesration ersetzen und dürfen 100 kcal pro 100 Gramm verzehrfertiges Lebensmittel, 400 kcal pro Mahlzeit oder 1200 kcal pro Tagesration nicht überschreiten.

„Die Wissenschaft hat festgestellt …"

… dass Mollige von kalorienreduzierten Produkten viel mehr essen. Wenn sie wissen, dass das Eis, die Chips kalorisch nicht so sehr zu Buche schlagen, erliegen sie der Versuchung, sich größere Portionen zu genehmigen und ihr Konto somit trotzdem zu überziehen.

Beates Tipp: Alle Lebensmittel und Speisen sind von heute an „Du-darfst"-Nahrungsmittel. Lernen Sie, auf Ihren Körper zu hören. Was möchte er? Wie viel? Geben Sie Ihrem Körper genau das, was er haben möchte, und genießen Sie es Bissen für Bissen oder Schluck für Schluck, bis er signalisiert: „Jetzt kannst du aufhören."

Raus aus dem Bett

Stehen Sie rechtzeitig auf. Liegen Sie nicht zu Zeiten im Bett, in denen die wenigsten Kalorien verzehrt werden. Für den normalen Alltag ist es sinnvoll, einen Tagesrhythmus zu finden. Lassen Sie Ihre Zeit nicht einfach „dahinplätschern", sondern machen Sie Pläne und geben Sie Ihnen eine Reihenfolge.

Eine Minute Lachen ist so erholsam wie eine halbe Stunde Mittagsschlaf.

Täglich wiegen?

Zu viel auf der Waage stehen macht schlechte Laune. Wer sich täglich oder gar morgens und abends wiegt, gewährt dem „kleinen Diktator" zu viel Macht. Einmal in der Woche, vielleicht an einem speziellen „Wiegetag", um die Tendenz zu kontrollieren, reicht. Immer zur gleichen Zeit und unter gleichen Bedingungen. Wenn Sie in regelmäßigen Abständen auch den schwindenden Umfang messen, bringt Ihnen das eine zusätzliche Motivation.

Übrigens: Gewichtsschwankungen, die in der 2. Zyklushälfte auftreten, sind nur vorübergehend. Manche Frauen nehmen durch die Wassereinlagerung bis zu drei Kilo zu, die während der ersten Tage der Periode aber wieder ausgeschieden werden.

Träger Darm – was tun?

Bringen Sie Ihren Stoffwechsel schon am Morgen auf Touren. Je effektiver er arbeitet, desto besser klappt die Abnahme. Ein großes Glas (warmes) Wasser am frühen Morgen bringt gleich auch Ihren Darm in Schwung – manchmal lösen Verdauungsprobleme sich schon durch diesen simplen Trick. Achten Sie auch auf eine ballaststoffreiche Ernährung und trinken Sie über Tag ausreichend. Überprüfen Sie den Fettanteil in Ihrer Ernährung. Ist er zu niedrig, „quietscht" die Verdauung. Also: hochwertiges Pflanzenöl in Ihren Salat, Margarine mit ungehärteten Fetten aufs Brot. Auch die Einnahme von täglich einem Teelöffel Leinöl bringt einen müden Darm auf Trab. Seine positiven Eigenschaften werden Sie schon wenige Tage später auch an Ihrer Haut bemerken. Die bekanntesten Hausmittel bei Darmträgheit sind: über Nacht eingeweichtes Trockenobst, Leinsamen oder Weizenkleie über das Frühstücksmüsli oder ins Joghurt und Sauerkrautsaft.

Wenn ich morgens aufstehe, trinke ich ein großes Glas Wasser.

Geheimtipp Leinöl

Leinöl kommt in der Ernährung eine herausragende Bedeutung als Lieferant mehrfach ungesättigter Fettsäuren, vor allem der Linol- und der Alpha-Linolensäure, zu. Diese Fettsäuren sind essenziell: Der Körper kann sie nicht selber herstellen und wir müssen sie mit der Nahrung zuführen. In Leinöl befindet sich die höchste Konzentration (über 85 %) an mehrfach ungesättigten Fettsäuren. Es schützt und befeuchtet die Haut und die Magenschleimhaut und lindert Magen-Darm-Beschwerden. Außerdem wirkt es leicht abführend. Das im Öl enthaltene Lecithin und Vitamin E stärkt die Nerven. Es senkt den Cholesterinspiegel im Blut und beugt somit Gefäßverkalkung vor. Leinöl ist ein „Spezialist", der das Gefäßsystem stärkt und pflegt und den roten Blutkörperchen freie Fahrt verschafft. Diese versorgen unter anderem das Gehirn mit Sauerstoff, was sich positiv auf Konzentrations- und Lernfähigkeit auswirkt.

Am Morgen ist die Welt ...

... noch in Ordnung? Erst mal gemütlich gefrühstückt? In den meisten Fällen eilen die Menschen ohne Frühstück in den Tag. Menschen mit Gewichtsproblemen lassen diese Mahlzeit besonders gerne ausfallen. „Morgens brauche ich noch nichts." — „Ich habe noch nie gefrühstückt."— „Nur am Wochenende." So fungiert ihr Körper stundenlang erst mal als eine Art „Kaffeemaschine", durch die viele Tassen Kaffee durchlaufen, bevor der Stoffwechsel richtig Arbeit bekommt. Geben Sie Ihrem Magen schon am Morgen etwas zu tun. Ein ausreichendes Frühstück gibt Power und der spätere Heißhunger bleibt aus.

Peppen Sie Ihren Morgen auf. Lassen Sie sich von Ihrer Lieblingsmusik wecken. Sie brauchen dafür entweder einen Radiowecker mit Kassettenteil oder einen CD-Player mit Timer-Funktion.

Petra war früher ein Morgenmuffel. Am liebsten trank sie morgens nur ein paar Tassen schwarzen Kaffee. Und buchte es schon als Erfolg, wenn sie sich beim Bäcker ein Croissant für ihr zweites Frühstück im Büro besorgte. Mit ihrem Abnahmewunsch begann sie, ihre Frühstücksgewohnheiten zu verändern. Inzwischen frühstückt sie sogar richtig gern. Vollkornbrot oder -brötchen – mal süß mit Hüttenkäse und Marmelade, mal herzhaft mit Lachsschinken oder anderem mageren Aufschnitt. Am Wochenende, wenn sie mehr Zeit für ein ausgiebiges Frühstück hat, kommen Salatblätter, Tomaten- und Gurkenscheiben auf den Tisch und sie belegt sich üppige, kalorienarme Sandwichs. Da isst sogar das Auge mit!

Tipp: Wenn es Butter sein soll, nehmen sie sie rechtzeitig aus dem Kühlschrank. Bei Zimmertemperatur lässt sie sich viel dünner streichen.

Kommen Sie ans Licht!

Denn Licht erhöht unseren Serotoninspiegel – sogar künstliches, wenn es sehr hell ist! Serotonin ist das Molekül des Glücks. Es macht ausgeglichen, bremst den Appetit und dämpft Schmerzen. Ein Mangel des Nervenbotenstoffs Serotonin führt zu Antriebslosigkeit, Schlaf- und Essstörungen und zu Depressionen. Jeder Spaziergang an der frischen Luft stimuliert die Serotoninproduktion. Auch Bewegung hebt den Serotonin-Spiegel! Wenn Sie auf dem Trampolin springen, produzieren Sie mehr von diesen Molekülen der Gefühle.

Nicht nur Sport ist Bewegung

Bewegung ist in unserem Alltag kaum noch nötig. Wo Menschen früher lange Strecken zu Fuß zurücklegen mussten, nutzen sie heute für jeden Weg das Auto. Während unsere Großmütter die Wäsche von Hand wuschen und auswrangen, drücken wir nur auf den Knopf der Waschmaschine. Selbst Einkäufe können zu Hause bequem am PC erledigt werden. Bequemlichkeit ist ein Trend geworden. Kein Wunder, dass der Durchschnittsleistungsumsatz mit den Jahren gesunken ist und die Menschen immer dicker und träger werden. Da mussten Sportgurus die Lust am Laufen wecken, damit wir uns wieder bewegen. Unsere Vorfahren würden ungläubig den Kopf schütteln, sähen sie, dass wir für regelmäßige Bewegung Zeit einplanen und uns dazu aufraffen müssen. Warum nicht gegen den Trend gehen? Lassen Sie ruhig öfter das Auto stehen. Holen Sie Ihr Fahrrad aus der Garage. Sie bewegen sich und sparen Sprit. Die Kinder zum Kindergarten, die Briefe zur Post, die Brötchen vom Bäcker, die Überweisung bei der Bank, all das sind Wege, die Sie gut radelnd oder zu Fuß erledigen können. Lassen Sie Fahrstühle und Rolltreppen links liegen. Benutzen Sie die Treppe und spüren Sie bei jeder Stufe, wie sich Ihr Leistungsumsatz erhöht.

Parken Sie Ihr Auto ein Stück von der City weg. Meist gibt es dort kostenlose Parkplätze. Außerdem tut Ihnen der Fußmarsch nicht weh, sondern gut. Programmieren Sie sich um: Nicht Bequemlichkeit, sondern Sportlichkeit erzeugt ein Gefühl der Leichtigkeit.

Studien haben erwiesen, dass Bewegung den Knochen „nährt“ und den Knochenabbau bremst. Während die Knochendichte bei sportlichen Frauen an der Lendenwirbelsäule um 0,7 % zunahm, sank sie bei Bewegungsmuffeln um 2,3 % ab.

Petra ist die klassische Couch-Potato. Allein der Gedanke an Sport verschlechtert normalerweise ihre Laune. Als ihr Mann einen Crosstrainer kaufte, fasste sie einen Entschluss: Sie wollte jeden Tag eine halbe Stunde trainieren. Sie verknüpfte ihren Vorsatz mit einer festen Gewohnheit, die sie sowieso schon hatte: dem ausgiebigen Nachrichtengucken morgens um 8 Uhr, wenn Mann und Kinder das Haus verlassen hatten. Es klappte! Inzwischen trainiert sie jeden Morgen bei laufendem Fernseher und hat ihr Intensitätslevel deutlich verstärken können. Durch den Muskelaufbau hat ihre Figur sich gestrafft und ihr

Körper nimmt kleine Fehltritte beim Naschen lange nicht mehr so krumm. Sie beharrt darauf, dass nicht nur ihre körperliche, sondern auch ihre geistige Fitness sich inzwischen verbessert hat. Das stimmt mit Untersuchungen überein, die festgestellt haben, dass regelmäßige Bewegung die Gedächtnisleistung intensiviert.

Woran erkennt man ein Model?

Richtig, an der Wasserflasche in der Hand. Wer schön sein will, muss nämlich nicht leiden, sondern trinken. Besorgen Sie sich eine kleine Wasserflasche für den Getränkehalter Ihres Wagens und eine Flasche, die in Ihre Handtasche passt. Dem Lebenselixier Wasser haben wir (ab S. 165) ein ganzes Unterkapitel gewidmet, so wichtig ist es für die Gesundheit und Ihre Abnahme. Hier nur unser Fazit: Trinken geht immer! Sie haben zu viel gegessen? Trinken Sie, um das „gestopfte Gefühl" loszuwerden. Sie haben zu wenig gegessen? Trinken Sie! Es geht Ihnen schlecht? Trinken geht immer, reinigt Ihr ganzes System und auch Sie können von diesem einfachsten aller Schönheits- und Schlankheitstipps profitieren!

Ab und zu mache ich einen kleinen Abstecher vom Arbeitsalltag und besuche meine Freundin Petra. Wir trinken eine Tasse Kaffee, Tee oder Cappuccino und meist stellt sie Gebäck auf den Tisch. Dann plaudern wir ein Viertelstündchen – und sind beide wieder bereit zu neuen Taten. Petra hat mich beobachtet. Den Kaffee oder Tee trinke ich aus und fülle sogar nach. An das Gebäck gehe ich nicht dran! Mir fiel das erst auf, als sie mich darauf ansprach. Verhaltensumstellung geglückt! Ich liebe Gebäck – und wenn ich zwischen den Mahlzeiten anfange, zu naschen, esse ich viel mehr davon, als mir gut tut. Es ist für mich nicht schwer, nicht anzufangen, sondern nur aufzuhören, wenn ich angefangen habe.

Mitten am Tag

Essen ist keine „Nebensache"

Die Zeitung liegt neben dem Brötchenkorb und wird während des Frühstücks gelesen. Das Fernsehprogramm läuft; wir schauen fern und essen. Beim Surfen im Internet stehen Snacks neben dem Computer, im Auto die Laugenstange, im Stehkaffee eine Pizzatasche, beim Warten an der Haltestelle das Croissant, beim Bummel durch die Stadt schnell einen Döner. Essen scheint immer mehr zur Nebensache zu werden. Wir essen „laufend" ganz nebenbei und verschaffen uns schnellen Genuss, ohne wirklich gegessen zu haben. Stellen Sie Ihre persönliche Regel auf, z. B. „Im Auto esse ich nie!" oder „Keine Snacks während des Fernsehens!"

Setzen Sie sich zum Essen grundsätzlich an den Tisch und beenden Sie die schlechte Gewohnheit, nebenbei zu essen. Weil Sie es wert sind, decken Sie – auch für sich alleine – den Tisch, benutzen Sie schönes Geschirr und gönnen Sie sich eine angenehme Atmosphäre.

> In der Mittagspause esse ich zuerst ein Stück Obst und trinke reichlich Wasser.

Wie viel Essen braucht der Mensch?

Je älter Sie werden, desto weniger Nahrung brauchen Sie. Mit den Jahren sinkt nämlich der Grundumsatz. Dieses Älterwerden fängt übrigens schon mit Mitte Dreißig an. Und je inaktiver und beschaulicher Ihr Tag, desto weniger Essen benötigen Sie auch. Doch keine Bange! Unsere Maxime lautet: „Essen Sie sich schlank!" Regelmäßige Mahlzeiten lassen den berüchtigten Heißhunger erst gar nicht aufkommen. Ob „regelmäßig" für Sie nun drei Mahlzeiten oder fünf bedeutet, das entscheiden Sie. Wichtig ist, dass Sie satt werden! Mit ausreichend großen Mahlzeiten, die Ihrem Magen auch durch die Füllung signalisieren: Ich habe genug gegessen.

Satt werden

Jeden Tag brauchen wir ca. 1,5 Kilo feste Nahrung, sonst fühlen wir uns nicht wohl und haben Hunger. Vor allem zwei Signale sind für das Gefühl, satt zu sein, verantwortlich: genügend Kohlenhydrate und eine ausreichende Dehnung des Magens. Bleibt eines der Signale aus, meldet sich schon bald wieder der kleine Hunger. Ganz entscheidend ist das Volumen.

Obst und Gemüse bestehen zu 90 % aus Wasser. Wenn wir Obst, Gemüse und Wasser „intelligent" ins Essen integrieren, können wir die Kaloriendichte unserer Mahlzeiten erheblich verringern. Mit Wasser erhöht sich das natürliche Gewicht und Volumen unserer Speisen, nicht aber der Kaloriengehalt. Unser Tipp: Essen Sie zur Hauptmahlzeit eine Suppe oder einen Salat als Vorspeise und viel Obst und Gemüse als sättigende, gesunde Beilagen.

Portionen begrenzen

Wenn Sie kein Sättigungsgefühl haben, überlisten Sie einfach Ihren Körper. Gewöhnen Sie sich daran, vor dem Essen ein großes Glas Wasser zu trinken. Nehmen Sie nicht nach, auch wenn es noch so gut schmeckt. Ein voller Teller (evtl. mit zusätzlicher Vorspeise oder Salat) reicht für eine

erwachsene Person. Der Magen wird sich daran gewöhnen. Essen Sie langsam, legen Sie immer wieder das Besteck aus der Hand und genießen Sie Ihre Pause. Die Sättigung stellt sich erst nach 20 Minuten ein. Viele Menschen haben jahrelang die Signale ihres Körpers missachtet und über ihre Sättigung hinaus weitergegessen. Mit der Zeit wird sich Ihr Magen auf die kleineren Portionen einstellen. Und lassen Sie Platz für einen kleinen Nachtisch, wenn Sie gerne Süßes mögen.

Beim Frühstück und Abendbrot können Sie bereits im Vorfeld entscheiden, wie viele Scheiben Brot Sie essen möchten. Sonst neigen Sie dazu, mehr zu essen, als Sie brauchen. Gerade in Gesellschaft, wenn es so gemütlich ist, ist die Verlockung groß, über die Sättigung hinaus weiterzuessen. Mit dem Vorsatz: „Morgens gibt es grundsätzlich nur ein oder zwei Brötchen, abends höchstens zwei Scheiben Brot“, sind Sie auf der sicheren Seite.

Für Sekunden auf den Lippen
und für Jahre auf den Rippen

Hunger oder Appetit?

Braucht Ihr Körper Nahrung, ist es Hunger. Den Hunger der Seele jedoch können Sie mit Brot und Käse nicht stillen. Vielleicht brauchen Sie eine Pause der „anderen Art“. Was ist Ihre persönliche Alternative zum Essen? Wenn Sie aus anderen Gründen als aus Hunger essen, wird sich das früher oder später auf der Waage bemerkbar machen.

Langeweile

Haben Sie schon einmal bemerkt, wie schnell Sie sich vor dem Kühlschrank wiederfinden, wenn Sie Langeweile haben? Wie viel öfter Sie ans Essen denken, wenn Sie gerade einmal nichts zu tun haben? Je mehr konkrete Pläne ich für meinen Tag habe, desto leichter fällt es mir, dem Essen den richtigen Stellenwert zu geben. Ich esse, um zu leben. Ich esse, um Kraft zu tanken, esse, wenn ich feiere – aber ich lebe nicht, um zu essen. Je besser ich meine Gaben und Talente kenne und sie einsetze, desto leichter fällt es mir, meine Essensgelüste in alternative Bahnen zu lenken.

Nichts schmeckt so gut, wie es
sich anfühlt, schlank zu sein.

Beates Tipp: Am leichtesten fällt mir das Konsequentsein, wenn ich mich an drei Mahlzeiten halte. Wenn ich erst einmal anfange, zwischendurch zu naschen, höre ich nicht immer rechtzeitig auf. Eine warme Mahlzeit ist meine beste Methode, um satt zu werden und mich richtig gut zu fühlen. Gemüsesuppe zum

Beispiel mögen bei uns alle gern. Sie schmeckt, sättigt und ist gesund. Aber ich probiere auch oft neue Rezepte aus und achte darauf, dass sie einen hohen Anteil „Sattmacher" enthalten.

Tipp: Essen Sie nicht heimlich oder hastig. Das, was Sie in der Vorratskammer oder über dem Spülbecken essen, hat genauso viele Kalorien, aber weniger Genuss.

Meine Pause der anderen Art:
Ein hektischer, langer Tag voller Arbeit, die ich wohl ohne meine To-Do-Liste nicht würde bewältigen können. Ganz leise hörte ich die Stimme von Jesus: „Jetzt nimm dir doch eine Auszeit mit mir". Ich versuchte zu verhandeln. Wenn ich mich jetzt hinsetzen würde, käme ich ganz sicher nicht mit meinen Vorhaben durch. Ein etwas widerwilliges Okay – dann entdeckte ich die Gartenmöbel auf der Terrasse. Ich setzte mich in die Sonne, kam zur Ruhe und ließ mich einfach von der Gegenwart Gottes „bescheinen". „Ach, so hast du das gemeint, Gott." Gott will uns gar nicht noch mehr Arbeit aufbürden, sondern uns Gutes tun. Nehmen Sie sein Angebot an.

„5 pro Tag"
Nämlich fünf Portionen Obst und Gemüse täglich – so lautet die Empfehlung der Deutschen Gesellschaft für Ernährung. Unser Tipp: So einfach, natürlich, der Jahreszeit angepasst und regional wie möglich. Haben Sie nur wenig Zeit zum Einkaufen, lohnt sich eine gute Vorratshaltung mit Tiefkühlprodukten. Gemüse im Glas oder in der Dose ist weit besser als sein Ruf. Füllen Sie Ihre Speisekammer mit einigen „Konservenreserven". Denn wenn der Kühlschrank nichts Gesundes mehr bietet, weil Sie nicht zum Auffüllen gekommen sind, haben Sie eine kalorienarme Alternative vorrätig. Sie müssen nicht das Haus verlassen und können im Handumdrehen eine sättigende Mahlzeit zubereiten.
Beates Tipp: Salat peppe ich oft mit geraspeltem Gemüse, Möhren, Gurken, Paprika und klein geschnittenem Obst wie Apfelstückchen, Mandarinen, Orangen, Ananas, Melone auf. Gäste sind immer wieder verwundert, wenn sie diese Kombination kennen lernen – und staunen, wie gut Salat und Obst zusammenpassen. Richtig knackig und frisch. Wenn ich Käse als „Geschmacksverstärker" hinzufüge, rasple ich ihn, statt kleine Würfel zu verwenden. Auf diese Weise brauche ich viel weniger Käse und habe trotzdem den sahnigen Geschmack.

Hier kann ich mich satt essen

Essen Sie sich bei warmen Mahlzeiten an Kartoffeln, Nudeln, Reis und Gemüse satt. Sie enthalten kaum Fett, wohl aber Kohlenhydrate. Das hält bis zur nächsten Mahlzeit vor. Vollkornprodukte enthalten gegenüber den Weißmehlprodukten nur unwesentlich weniger Kalorien, machen aber durch die reichlichen Ballaststoffe schneller satt. Gleichzeitig sorgen sie dafür, dass Ihr Blutzuckerspiegel schön gleichmäßig bleibt – und Sie auch lange satt bleiben. Aber Sie entscheiden! Es muss nicht immer Vollkorn sein. Versuchen Sie, Ihre Ernährung abwechslungsreich zu gestalten.

Heikes Tipp: Ich liebe Pasta aus Hartweizengrieß, wechsele aber auch mal zur Vollkornvariante. Reis gibt es bei mir nur als Parboiled-Version. Im Verhältnis zum Vollreis enthält er noch 80 % der Vitamine, das reicht mir. Außerdem gibt es oft Kartoffeln und fast immer Gemüse oder Salat. Vollkornbrot backe ich selber, aber die Brötchen samstags morgens vom Brötchendienst werden weiß geliefert. Und die genieße ich auch ohne schlechtes Gewissen. Abwechslungsreich, ausgewogen und auf meine Bedürfnisse und die meiner Familie zugeschnitten, so stelle ich mir gesunde Ernährung vor.

Fett sparen – aber wo

> Die zweite Kugel Eis schmeckt genauso wie die erste.

Tierische Fette können Sie getrost zurückfahren – fettes Fleisch und fette Wurst, Käse in der Vollrahmstufe, Schmalz, Palmkern- und Kokosfett. Auch Süßigkeiten, Kuchen und Torten sind echte Kalorienbomben, Schokolade ist so fett wie Leberwurst. Doch hochwertige Pflanzen- und Keimöle wie Distel-, Sonnenblumen-, Soja-, Raps- und Olivenöl mit ihren einfach und mehrfach ungesättigten Fettsäuren gehören zur gesunden Ernährung dazu und kurbeln Ihren Stoffwechsel an. Manche Pflanzenöle sind kalt gesund. Kalt gepresste Öle sollten nur für kalte Speisen und Salate verwendet werden. Hitzebeständige Öle wie Raps-, Maiskeim-, Oliven- oder Erdnussöl dagegen eignen sich anstelle von Plattenfett und Margarine bestens zum Braten und Frittieren.

Das Fett im fetten Fisch ist wegen der enthaltenen Omega-3-Fettsäuren besonders wertvoll. Fisch gibt Ihrer Abnahme einen regelrechten Kick! Genießen Sie mindestens zwei Mal in der Woche Seefisch wie Lachs, Makrele oder Hering.

Entfernen Sie bei Geflügel die fettreiche Haut und bei Fleisch und Schinken den Speckrand. Legen Sie Gebratenes und Frittiertes nach dem Zubereiten auf

Küchenpapier. Das Bratfett reduziert sich fast um die Hälfte. Noch besser, Sie verzichten ganz darauf.

Sie gießen das Öl aus der Flasche in die Pfanne? Das Bratergebnis ist ebenso gut, wenn Sie das Öl sparsamer dosieren. Verwenden Sie einen Teelöffel oder einen Fettzerstäuber und Sie werden staunen, wie viel Fett Sie mühelos sparen können. Probieren Sie Öle mit Eigengeschmack, um neue Akzente zu setzen.

Wählen Sie schonende Garmethoden wie Dämpfen, Dünsten, Grillen, und benutzen Sie den guten alten Tontopf. Auch der Salat schmeckt genauso gut, wenn er nur mit zwei Teelöffeln Öl angemacht wird. Gewöhnen Sie sich das Dosieren mit dem Teelöffel an.

Mit einem Teelöffel Öl schmecken der Salat und das Gemüse besser, mit 10 Teelöffeln aber nicht 10-mal besser.

Sie sind einfach kein Gemüsefan?

Es ist gut möglich, dass Ihre Vorurteile uralt sind – und Ihr Geschmack sich inzwischen verändert hat. Probieren Sie es wieder einmal: das ungeliebte Gemüse im neuen Gewand. Lassen Sie sich von leichten Rezepten inspirieren! Der Vorteil: Sie bekommen Ideen und Anregungen, unbekannte Gewürze und Zusammensetzungen auszuprobieren und bringen Abwechslung in Ihren Küchenalltag.

Scharf ist günstig!

Chili, Ingwer, Pfeffer oder Senf heizen dem Körper so richtig von innen ein und sorgen dafür, dass er mehr Wärme produziert. Das kostet Energie und Kalorien. Außerdem befriedigt ein pikantes Essen mehr als fade Kost! Und scharfes Essen macht Durst.

Noch mehr Kochtipps

Zum Andicken von Suppen können Sie eine Kartoffel mitkochen und Sahne oder Crème fraîche sparen. Saure Sahne, Milch, Dickmilch, Frischkäse, Joghurt oder Quark sind hervorragender Sahneersatz.

Verwenden Sie beim Kochen mit Käse kräftige Sorten. Blauschimmelkäse ist wesentlich geschmacksintensiver als Emmentaler oder Gouda, und Sie erzielen mit einer geringeren Menge Käse optimalen Geschmack.

Sie können ein Drittel des Fetts in hellem Kuchenteig durch Apfelmus ersetzen. In dunklem Teig lässt sich ein Teil durch pürierte Trockenpflaumen ersetzen. Sie sparen nicht nur Fett, sondern erhalten obendrein ein besonders lockeres und saftiges Backergebnis. Übrigens: In den meisten Rezepten kann man ein ganzes Ei durch zwei Eiweiße ersetzen.

Mitesser überlisten

Wenn Sie Ihr Schnitzel oder Ihr Pizzastück zur Hälfte gegessen haben und merken, dass Sie satt sind: Hören Sie einfach auf. Stellen Sie „Ihre Box" – vielleicht sogar mit Namen versehen – in den Kühlschrank und deponieren Sie den Rest dort. So können Sie (in den meisten Fällen) sicher sein, dass Ihre Lieblingsspeise auch zu einem späteren Zeitpunkt noch da ist.

Der Salat als Kalorienbombe?

Das ist doch wohl nicht möglich. Etwas Gesünderes könnten Sie doch gar nicht wählen. Leider falsch! Viele der Salate, die Sie in Restaurants, in Fastfood-Ketten oder in den Kühlregalen der Supermärkte kaufen können, sind kalorienreicher als so manches Hauptgericht. Viel Käse, Mayonnaise und fette Dressings machen den vermeintlich leichten Snack schwer.

Soßen

> Erste Waffe gegen überflüssige Pfunde: der gute Geschmack.

Verzichten Sie auf „hausgemachte Soßen“ mit Einbrenne (Mehlschwitze). Dann lieber eine Fertigsoße, denn die sind meist erheblich fettärmer. Der Fettgehalt der fixen Tütenprodukte kann aber auch erheblich variieren. Oft sind die Basiserzeugnisse am fettärmsten. Hier ist Vergleichen angebracht. Tipp: Tomatenmark mit Gemüsebrühe, passierte Tomaten, püriertes Gemüse haben kein Fett, schmecken und sind sogar gesünder als „normale“ Soßen.

Satt, was ist das eigentlich?

Es gibt verschiedene Definitionen von „satt“. Denken Sie an Kinder, die gerade eine Limonade getrunken haben. Der Blutzuckerspiegel signalisiert ihnen: satt! Aber viele Menschen spüren erst, dass sie satt sind, wenn sie den obersten Knopf am Bund aufmachen müssen.

Genießen Sie Ihr Essen, jeden einzelnen Bissen. Wer sich beim Essen auf den Geschmack konzentriert, isst automatisch langsamer und fast immer auch weniger. Erste Hilfe gegen überflüssige Pfunde: Der gute Geschmack! Die Sättigung tritt übrigens erst nach ungefähr 20 Minuten ein. Wer schnell isst, kann in dieser Zeit schon erhebliche Mengen gegessen haben.

Denken Sie daran: Nicht schlingen, schlemmen! Der Magen hat keine Geschmacksnerven. Legen Sie immer wieder das Besteck aus der Hand und genießen Sie Ihre Mahlzeit. Trinken Sie zwischendurch einen Schluck. Schauen Sie Ihr Gegenüber an und freuen Sie sich an der Unterhaltung. Die Essenspause soll Ihnen neue Kraft geben, Ihnen in jeder Beziehung gut tun und Sie erfrischen. „Slow Food“ hat nichts mit speziellen Rezepten oder gemächlichem Kochen zu tun, sondern ist sinnliches, genussvolles Essen. Genuss und Geschmack stehen im Mittelpunkt. Übrigens: Wenn Sie heute 40 Jahre alt sind, liegen im Durchschnitt noch 15330 warme Mahlzeiten vor Ihnen!

Aufhören können

Hören Sie auf, wenn Ihr Körper signalisiert: „Stopp. Ich bin satt.“ Sie brauchen Ihren Teller nicht leer zu essen. Schieben Sie ihn weg oder räumen Sie ihn ab. Wenn die übrig gebliebenen Happen Sie in Versuchung führen, bringen Sie sie an den Ort, wo sie jetzt hingehören: Reste sind für den Kühlschrank, die Gefriertruhe oder den Mülleimer.

Viele von uns sind mit der Ermahnung groß geworden: Iss deinen Teller leer. Und: Reste wirft man nicht weg. Denn wie könnten wir die Essensreste in den Abfalleimer werfen, während in anderen Teilen der Welt Menschen hungern müssen. Doch helfen die Extrapfunde auf Ihren Hüften diesen Armen herzlich wenig. Ihre Gesundheit hat einen höheren Wert als Essensreste.

Satt zu sein durch ausreichend große, abwechslungsreiche und gesunde Mahlzeiten ist der beste Tipp gegen Heißhungerattacken. Wer nicht satt ist, ist ständig auf der Suche …

Haben Sie sich daran gewöhnt, immer etwas im Mund zu haben? Bonbons, Kaugummi, Kaffee … Gönnen Sie Ihrem Körper auch mal eine Pause. Ihr Magen wird seine Freizeit genießen! Ausnahme: Wasser! Von klarem Wasser können Sie gar nicht genug trinken.

… und dazwischen

Süße Gewohnheiten

Das Eis beim Stadtbummel, das Croissant von der Bäckerei auf dem Weg nach Hause, der Schokoriegel an der Tankstelle, Kaffee to go – möglichst noch mit einem süßen Teilchen – alles zum Mitnehmen. Wir essen im Stehen, im Gehen, beim Autofahren, zwischendurch und nebenbei. Was auf der Strecke bleibt, sind die Befriedigung und der Genuss. Denn haben Sie wirklich das gute Gefühl, gegessen zu haben?

Auch für den kleinen Riegel gilt: Schokolade ist fett wie Leberwurst. Dazu kommt: Der Zucker gibt uns einen schnellen Energieschub, der Insulinspiegel steigt, der Blutzuckerspiegel senkt sich, und ein sinkender Blutzuckerspiegel kann regelrecht heißhungrig machen. So macht der kleine Snack gegen den Süßhunger Heißhunger! Ein tückischer Kreislauf.

Wenn der Süßhunger kommt, genieße ich ein kleines Stückchen der besten Schokolade (Kakaoanteil 75 %).

Basiswissen Insulin

Nach jedem Essen erfolgt eine Insulinausschüttung, um die Nahrung zu den

Zellen zu befördern. Je einfacher die Kohlenhydrate – helles Brot, Brötchen, Pasta, Süßes – desto schneller steigt der Insulinspiegel im Blut. Da einfache Kohlenhydrate aber vom Körper sofort verwertet werden können, sinkt der Pegel ebenso schnell wieder ab und verursacht erneuten Hunger.

Tipp: Je vollwertiger, ballaststoffreicher und komplexer die Mahlzeit, desto langsamer steigt der Blutzuckerspiegel, desto moderater die Insulinausschüttung.

Im Hinblick auf den Insulinspiegel sind drei Mahlzeiten übrigens günstiger als mehrere kleine Mahlzeiten am Tag. Während der Blutzuckerspiegel durch die vielen kleinen Mahlzeiten ständig erhöht ist und die Produktion von neuem Insulin notwendig macht, kann sich der Körper in der insulinfreien Zeit, die durch einen längeren Rhythmus auftritt, erholen und Fett abbauen.

Die Wissenschaft hat festgestellt, dass auch durch die Ausschüttung von Adrenalin, dem „Stresshormon", unser Blutzuckerspiegel ansteigt, da der Körper in Druck- und Stresssituationen alle Energiereserven mobilisiert – und wieder steigt der Insulinspiegel. Insulin hemmt den Fettabbau und ein hoher Insulinspiegel begünstigt die Einlagerung von Fett.

Heißhunger auf Schokolade

Sie haben alles versucht! Ein großes Glas Wasser getrunken, Sie waren eine Runde an der frischen Luft, haben sich abgelenkt, zwischendurch die Zähne geputzt – aber vergebens; der Heißhunger auf etwas Süßes ließ sich nicht abschütteln.

Vielleicht funktioniert bei Ihnen die „Nur heute"-Methode! Beschließen Sie: Nur heute esse ich keine Schokolade. Das klappt besser als der aussichtslose Vorsatz „Nie wieder!"

Nein, Schokolade muss es sein! Jetzt! Dann nehmen Sie nur die beste. Betrachten Sie Schokolade als etwas Besonderes! Lassen Sie sie in Ihrem Mund schmelzen und genießen Sie jeden Krümel langsam und ausgiebig! Nehmen Sie die beste Zartbitterschokolade, die es gibt.

Wer nicht genießt, wird ungenießbar!

Sie mögen nur Vollmilchschokolade? Dachte Petra auch immer. Bis sie es ausprobierte. Die Geschmacksnerven gewöhnen sich schnell an die bittersüße Köstlichkeit. Täglich nach dem Mittagessen gönnt sie sich zwei kleine Stückchen zum Cappuccino. Stück für Stück lässt sie den zarten Schmelz auf ihrer Zunge zergehen.

Sie finden gute Schokolade sehr teuer? Das stimmt! Sie kostet ungefähr dreimal so viel wie normale Schokolade. Aber Sie essen auch dreimal weniger davon, weil der intensive Geschmack Ihren Süßhunger schneller befriedigt. Fazit: gleiches Geld, mehr Geschmack, weniger auf den Hüften!

Angebrochene Süßwaren

Sie wissen, dass Sie die Tüte Gummibärchen nicht fertig essen müssen, weil Sie jederzeit wieder zugreifen können. Sie müssen nicht den ganzen Vorrat an Schokolade aufessen, weil Sie morgen mit einer Diät beginnen. Sie wissen ja: Alle Lebensmittel sind „Du-darfst-Produkte" – aber nicht zu jeder Zeit und nicht unbegrenzt.

Früher kaufte Petra Süßigkeiten und Eis meist in der preisgünstigeren Familienpackung. Allerdings geriet sie dann regelmäßig in einen Interessenskonflikt mit ihren gesunden Vorsätzen. Inzwischen betrachtet Petra Schokolade & Co. als etwas Besonderes, dass sie sich nur ab und zu einmal gönnt. Wenn Petra heute Süßigkeiten einkauft, wählt sie meist die kleinste Verpackungseinheit. So kommt sie gar nicht erst in Versuchung, mehr zu naschen, als sie vorhatte.

Bis zum Abend geht es gut …

Aber die kleinen Snacks auf dem Wohnzimmertisch, beim Besuch bei Freunden, im Haus- oder Bibelkreis bringen Ihre Vorsätze zum Wanken? Entscheiden Sie, ob Sie den ersten Griff zu den Schälchen mit Süßem oder Salzigem tun. Viele können nicht aufhören, wenn Sie erst einmal angefangen haben. Besser: Trinken, trinken, trinken!

Die figur- und gesundheitsfreundlichste Lösung für Übermüdung ist übrigens ausreichend Schlaf – nicht Essen!

Und legen Sie vorher die Portionen fest. Ist die Schüssel leer, gibt's nichts mehr!

Meine Freundin Petra ist tagsüber ein Musterbeispiel an Disziplin. Bis ungefähr 19 Uhr. Dann fängt ihr Feierabend an. Um ihre durch Übermüdung verursachte Anspannung zu lösen, suchte und fand sie einen Snack nach dem nächsten. Als sie dieses Muster erkannte, führte sie ein „Betthupferl" ein, auf dass sie sich jetzt richtig freut: ein Glas warme Milch – kurz vor dem Schlafengehen.

Erwartet Petra abends Gäste, stehen heute andere Snacks auf dem Wohnzimmertisch als in ihren „schweren" Zeiten. Die Schale mit Obst ist gefüllt und Chips kommen bei ihr nur noch selten „in die Tüte". Auch die Auswahl ihres Getränkesortiments hat sich im wahrsten Sinne des Wortes „erleichtert". Denn die gehaltvollen Cocktails, die sie so sehr mag und auch gerne anbot, hatten ihr so manches Zusatzpfund beschert. Ihr Sommerfavorit: Ein Glas Sekt mit vielen Eiswürfeln, die sie immer wieder nachfüllt. Ihre Gäste staunen, wie lange das Gläschen Sekt auf diese Weise reicht!

Unterwegs genießen

Einladungen, Restaurantbesuche, Tagungen – und Sie wollen sich an Ihre schlanken Vorsätze halten? Kein Problem. Nehmen Sie sich genügend Zeit und treffen Sie eine gute Wahl!
Genauso selbstverständlich, wie Sie vor dem Restaurantbesuch Ihr finanzielles Budget für den Abend planen, können Sie auch Ihr kalorisches Budget festlegen.

> Bei langen Autofahrten deponiere ich eine Wasserflasche im Cockpit.

Wichtige Grundregel: Nicht heißhungrig zu einer Feier oder in ein Lokal gehen. Essen Sie zu Hause eine Gemüsesuppe vorweg oder einige Stücke Obst, um dem Heißhunger vorzubeugen. Und trinken Sie ausreichend. Den Brotkorb sollten Sie links liegen lassen und auch einen Aperitif brauchen Sie nicht wirklich.

Darf ich vorstellen: Meine Freundin Petra

Sie werden sich fragen, warum ich so viel von Petra erzähle: Weil ich sie bewundere! Sie ist für mich ein Beispiel dafür, dass Veränderung möglich ist. Petra ist verheiratet und hat drei Kinder. Eigentlich war sie immer schon mollig gewesen. Nach den Geburten ihrer Kinder aber war sie regelrecht in die Breite gegangen. Petra wollte sich nicht damit abfinden, dass diese Veranlagung wohl „in der Familie" liegt, und begann konsequent, an sich und ihren Gewohnheiten zu arbeiten. Innerhalb von zwei Jahren hat sie satte 22 Kilo abgenommen. Ihr Gewicht liegt noch immer nicht im Normalbereich, aber sie sieht blendend aus und strahlt echte Power und Lebensfreude aus. Petra hält ihr neues Gewicht seit vier Jahren. „Es bleibt ein Kampf", sagte sie mir. Denn kalorische Fehltritte registriert ihr Körper blitzschnell und sie nimmt leicht wieder zu. Aber ihr gestärktes Selbstbewusstsein und Wohlbefinden möchte sie nicht mehr hergeben.
Petras turbulenter Alltag mit Familie, Nebenjob und aktiver Mitarbeit in der Ortsgemeinde bringt ihre guten Vorsätze oft genug ins Wanken Doch sechs Jahre „Übung" haben sich gelohnt. Viele der Veränderungen sind ihr inzwischen in Fleisch und Blut übergegangen.

Steht heute eine Einladung oder ein Restaurantbesuch an, legt sie vorher ihr kalorisches Budget fest und achtet darauf, nicht heißhungrig aus dem Haus zu gehen. So fällt es ihr leichter, „kluge Entscheidungen" zu treffen. Petras Familie isst leidenschaftlich gerne Fastfood. Doch Petra weiß: Fast immer ist schnelles Essen auch fettes Essen. Wenn ihre Lieben mal wieder beschließen, McDonald's & Co. zu besuchen, fährt Petra vorher an einem Lebensmittelgeschäft vorbei und besorgt sich Joghurt und Obst. So kann sie mitessen, ohne Kompromisse hinsichtlich ihrer Vorsätze machen zu müssen.

Die liebe Gastgeberin

> Lieber Staub aufwirbeln als Staub ansetzen.
>
> HUBERT BURDA

„Nimm doch noch ein Stück", und schon liegt das zweite Stück Kuchen auf Ihrem Teller. Die Gastgeberin meint es immer nur gut, aber ist es gut für Sie? „Nein" zu sagen fällt uns manchmal nicht so leicht. Wir wollen unser Gegenüber nicht verletzen und außerdem schmeckt es ja auch so gut.

Hier ein paar Tricks, die Ihnen helfen bei Einladungen standhaft zu bleiben:

- Nicht heißhungrig zu einer Feier gehen, dann fällt das Maß halten leichter.
- Essen Sie langsam. Wenn noch etwas auf Ihrem Teller liegt, bekommen Sie selten noch Nachschlag. Auch das Weinglas sollte immer noch halb gefüllt sein.
- Trinken Sie mehr, statt mehr zu essen!
- Geben Sie ehrlich zu, dass Sie Ihre Ernährung umgestellt haben und nicht mehr so fett essen. Das hat nichts mit Diät zu tun, sondern geht dem Trend unserer Zeit entgegen.
- Stellen Sie nach einem Stück Kuchen Ihre Kaffeetasse auf den Kuchenteller. Knigge würde zwar die Hände über dem Kopf zusammenschlagen, aber er sieht es ja nicht. Keine Gastgeberin möchte eine schmutzige Tischdecke haben. Sie wird Ihnen kein zweites Stück Kuchen auflegen.
- Versuchen Sie es doch einfach mal mit: „Nein, danke!" Punkt. Keine weiteren Erklärungen. Warum immer rechtfertigen. Oft entstehen die Diskussionen nur, weil wir anfangen, uns zu rechtfertigen.
- Das Schönste an einer Feier ist, dabei zu sein – nicht das Essen! Genießen Sie die Begegnungen, die Gespräche, die Stimmung – und konzentrieren Sie sich nicht vorrangig auf das Essen.

„Ein Gläschen in Ehren ...“

... kann niemand verwehren? Nun, Alkohol ist ja nicht bei jeder Mahlzeit dabei. Und zum Feiern gehört er für manche einfach dazu. Viel Alkohol bedeutet jedoch viel Fett. Alkohol kann im Körper nicht gespeichert werden, liefert aber massenweise Kalorien. Deshalb hat die Verbrennung von Alkohol Vorrang vor allen anderen Nahrungsmitteln. Dadurch wird vermehrt überschüssiges Fett eingelagert.

> Disziplin ist die Fähigkeit, sich zu merken, was man will.

Trinken Sie zu jedem Glas Wein oder Bier ein Glas Wasser. So kommen Sie nicht in Versuchung, Ihren Durst mit Alkohol zu löschen! Und bleiben Sie möglichst bei einer Sorte. Eine besonders komprimierte Kombination aus Zucker, Fett und Alkohol enthalten Liköre: Eierlikör, Kaffeelikör, Schokoladenlikör. Lecker, aber ohne Zweifel ein kalorientechnisches Highlight der anderen Art. Deshalb: Lieber Klasse statt Masse – besonders bei Alkohol!

> Antje (51) merkt seit ein paar Jahren, dass Alkohol ihr „nicht gut tut“. Am nächsten Morgen wacht sie mit einem verquollenen Gesicht auf, auch wenn sie nur ein Gläschen getrunken hat. Sie versuchte es mit anderen Weinsorten – ohne Erfolg. Außerdem stellte sie fest, dass sie viel leichter Gewicht zulegte, wenn sie öfters Alkohol trank. Inzwischen lässt sie es einfach bleiben, ohne große Wehmut. Ihr Resümee: „Ich habe gelernt, dass meine gute Gesundheit mir mehr bedeutet als mein kleines Laster.“

Clever einkaufen und bevorraten

Klug einkaufen ist satt einkaufen, denn die Vielfalt der Angebote verleitet sonst oft zu kulinarischen Fehlentscheidungen. Erst die nächsten Mahlzeiten planen, möglichst mit Einkaufszettel, und dann losgehen. Frische Lebensmittel, Obst und Gemüse – hinein in den Korb. Bei abgepackten Waren lohnt sich der Blick auf die Zutatenliste. Schauen Sie bei Fix-und Fertiggerichten ruhig erst mal auf den Fett- und Kaloriengehalt. Nicht alle Putenfrikadellen haben wenige Kalorien, so mager sie sich auch anhören.

Sie brauchen eine Belohnung nach dem Großeinkauf? Aber noch nicht im Auto! Und auch nicht vom Aufschnitt für die Woche. Kalkulieren Sie Ihr Bedürfnis nach etwas Essbarem nach dem Einkauf mit ein und bringen Sie sich etwas mit, auf das Sie sich freuen können. Nur für Sie! Einen Diät-Schokoladenpudding zum Beispiel, den Sie genießen können, wenn alle Einkäufe verstaut

sind. Ein Light-Eis! Aber aufpassen. Wenn Sie eine Familienpackung kaufen, kann es schief gehen.
Legen Sie sich einen schlanken Vorrat zu. Kartoffeln, Nudeln, Zwiebeln, Gemüse- und Obstkonserven. Bestücken Sie Ihre Tiefkühltruhe mit magerem Fleisch, Fisch, Gemüse und Obst. Achten Sie darauf, dass sich genügend gesunde Lebensmittel im Kühlschrank befinden.
Die kostengünstigen Familienpackungen lasse ich immer häufiger links liegen. Sie verleiten nur dazu, mehr zu kochen und zu essen, als wir eigentlich wollten. Keine wirkliche Ersparnis!
Sonderangebote können so verlockend günstig sein – und lassen uns zu gerne vergessen, dass auch preiswerte Lebensmittel eingeteilt werden müssen, wenn sie keine Spuren auf unseren Hüften hinterlassen sollen.

Wenn Sie bei Süßigkeiten und Knabbereien schlecht widerstehen können, kaufen Sie keine auf „Vorrat". Ach, Sie kaufen für Mann und Kinder? Dann bewahren Sie sie auch für Ihren Mann und die Kinder auf.

Haben Sie schlanke Lieblingsrezepte, die Sie immer wieder kochen? Verdoppeln Sie einfach die Zutaten und bereiten eine zusätzliche Portion zu. So haben Sie bei Bedarf immer einen „Joker" in der Tiefkühltruhe.
Beates Tipp: Backen Sie nichts, dem Sie nicht widerstehen können. Wenn Ihre Schwarzwälder Kirschtorte einfach unwiderstehlich gut ist, lassen Sie es lieber. Und probieren Sie stattdessen neue, fruchtige Kuchenrezepte aus, die den Süßhunger stillen, aber Ihr Kalorienkonto nicht im selben Maß strapazieren.

Wer heute den Kopf in den Sand steckt, knirscht morgen mit den Zähnen.

Belohnung

Belohnen Sie sich für Ihre Erfolge. Nichts motiviert mehr als eine Belohnung nach Erreichen des gesetzten Zieles.
Im Kapitel „Ziele setzen" haben wir angeregt, dass Ziele immer einen Gewinn enthalten sollten. Auch die Aussicht auf materielle Belohnung kann eine Motivation sein. Ein neues Kleidungsstück, wenn die ersten fünf Kilo geschafft sind. Ein Termin bei der Kosmetikerin, wenn Sie vier Wochen durchhalten. So könnten Sie sich für die erreichten Etappenziele belohnen. Und wenn Sie am Ziel Ihrer Träume sind? Was gönnen Sie sich? Ein Wellness-Wochenende? Einen Tag Einkaufsbummel ganz in Ruhe mit der besten Freundin? Einen neuen Haarschnitt?

Mareike hat mehrere Kinder und ihre Familie besitzt ein Pferd. Sie striegelt und versorgt ihr Pferd mit großem Einsatz. Es wird gesattelt, und dann schaut sie jeden Tag wehmütig zu, wie ihre Kinder ausreiten. Mareike verriet mir: „Wenn ich mein Abnahmeziel erreicht habe, sattele ich das Pferd für mich und reite ganz alleine das erste Mal aus." Ich kann mir gut vorstellen, wie sie leicht und mit wehenden blonden Haaren lachend auf ihrem Pferd über die Koppel reitet. Sie wird ihr Ziel erreichen, denn sie hat eine Vision, ein Ziel und einen Gewinn.

Moralische Unterstützung sichern

Sie merken, wie Ihre Hemmschwelle sinkt, die Vorratspackung Eis zu leeren? Holen Sie sich moralische Unterstützung bei einer Freundin. Weihen Sie sie vorher in Ihre Vorsätze ein und rufen Sie Ihre „Frau für schwache Stunden" an oder verabreden Sie sich.

Einsam abnehmen ist weniger erfolgreich

Eine gute Methode, Ihr Abnahmeziel konkret in die Tat umzusetzen, ist die Unterstützung durch eine Gruppe von Menschen, die die gleichen Schwierigkeiten haben wie Sie. Die Gruppendynamik bringt gegenseitige Kontrolle und ein Mehrfaches an Spaß. Wenn Sie Unterstützung suchen, um Ihr Gewicht zu senken, gibt es ganz verschiedene Angebote von Familienbildungsstätten, Gemeinden, Krankenkassen und z.B. den *Weight Watchers*. Untersuchungen haben gezeigt, dass Abnehmen mit Gleichgesinnten viel erfolgreicher ist als der Selbstversuch.

„Oh, Mann, was bin ich fett!" – *Ein Erfahrungsbericht*

Dieser Satz begleitete mich durchs Leben. Gerne auch in Abwechslung mit: „Neiiin, was hab ich für dicke Oberschenkel (Hintern / Bauch / usw.)." Und mit schöner Regelmäßigkeit wurden dann Kalorien gezählt, Fastenwochenenden eingelegt, Ananas-, Körner- und Eier-Diät und was es sonst noch so an Kasteiungsmöglichkeiten gibt, begonnen. Zum Glück für meinen Körper und meine Gesundheit hielt ich das nie länger als 2–3 Tage durch. Was blieb, waren halb volle Körnerpakete im Schrank sowie allerhand obskure Zusatz- und Ergänzungsprodukte, jahrelanger Widerwillen gegen Ananas und gekochte Eier, und natürlich eine beachtliche Diätratgeber-Sammlung im Bücherregal.

In all den Jahren ist mein Wissen zum Thema Ernährung und Fitness natürlich immens angewachsen. Es gibt einfach keinen besseren Ernährungsexperten als mich. Fragen Sie mich irgendetwas, ich kann's Ihnen sicher beantworten. Trotzdem gehöre ich figur- und ernährungsmäßig gesehen eher zum „Mondtyp". Nein, das ist keine neue Astro-Diät, sondern ich halte es eben gerne wie der Mond: mal zunehmend, mal abnehmend.

Allerdings ist dieser Rhythmus seit einiger Zeit unterbrochen. Nach anfänglichem Zögern („Was soll ich da? Ich weiß doch alles!") habe ich mich einer Abnehm-Gruppe angeschlossen. Und – welches Erstaunen – das erste Mal nahm ich ohne Hungern oder Gewaltkuren bei gutem, gesundem Essen und bester Laune Woche für Woche stetig ab! Und dabei war es ganz einfach. Das Geheimnis für den Erfolg lag in meinem Fall im Austausch mit den anderen „Leidensgenossen". Alle hatten das gleiche Problem, jeder konnte von seinen Bemühungen berichten, man freute sich mit den Erfolgreichen und tröstete gemeinsam diejenigen, bei denen es gerade mal nicht so gut lief. Quer durch alle sozialen Schichten hindurch motivierte einer den anderen. Eine Super-Erfahrung!

Mittlerweile habe ich mein Gewicht ganz gut im Griff; freilich gibt es kleinere „Ausschläge" wie z.B. an Feiertagen oder zu den großen Jahresfesten. Aber da ich das rechtzeitige und vernünftige „Bremsen" gelernt habe, lässt sich das leicht wieder korrigieren. Manchmal treffe ich mich dann auch wieder mit Menschen aus der Abnehm-Gruppe. Es heißt ja „Der Weg ist das Ziel", und ich freue mich, dass ich mein Ziel immer wieder erreichen kann und auf diesem Weg auch viele nette Weggenossen gefunden habe!

Wasser trinken macht schön!

„Was soll denn daran so schwer sein, genug zu trinken?" Heike kann das nicht verstehen. „Einfach das Glas unter den Kran halten. Trinken. Fertig!" Dass ausreichend Flüssigkeit für unsere Gesundheit und Abnahme wichtig ist, weiß heute eigentlich jeder. Und doch trinken die meisten Menschen viel zu wenig und leiden, ohne es zu merken, an „Dehydration", einer regelrechten Austrocknung des Körpers. Wenn das Durstgefühl sich endlich einstellt, ist das ein absolutes Warnsignal. Viele Frauen müssen es wieder lernen, genügend zu trinken.

Wir können zwar fünf Wochen ohne Nahrung auskommen, aber nur drei Tage ohne Wasser. Der menschliche Körper besteht zu 75 % aus Wasser, unser Gehirn sogar zu 85 %.

Ohne Wasser findet kein Transport von Nährstoffen und Sauerstoff statt und kein Abtransport der Schlacken, Säuren und Gifte. Wer abnimmt und nicht trinkt, übersäuert seinen Körper. Denn die beim Fettabbau freigesetzten Stoffe müssen neutralisiert und ausgeschieden werden. Ist zu wenig Wasser vorhanden, kann die Niere den Abfall nicht loswerden und schickt ihn zurück in den Blutkreislauf.

Beim Abnehmen zu wenig zu trinken ist ein bisschen so, als würde man die Wäsche mit viel zu wenig Wasser waschen – Waschpulver und Schmutz bleiben in den Fasern hängen. Oder stellen Sie sich vor, wie wenig effektiv Ihr Hausputz ist, wenn Sie für die gesamte Fläche nur einen Eimer Putzwasser benutzen!

Schon ein leichter Flüssigkeitsmangel kann den Stoffwechsel um 3 % verlangsamen. Wer nicht genug trinkt, drosselt also seinen Stoffwechsel. Und bereits 2 % Wassermangel können das Versagen des Kurzzeitgedächtnisses auslösen.

Wasser ist auch entscheidend für die Regulation der Körpertemperatur. Wenn Sie feststellen, dass Sie beim Abnehmen immer so schnell frieren, benötigen Sie wahrscheinlich mehr Flüssigkeit.

In der Nacht ist Esspause! Wenn ich mal aufwache, trinke ich ein Glas Wasser.

Wir essen, statt zu trinken. Warum?

Für unser Gehirn ist es schwierig, den Unterschied zwischen Hunger und Durst zu erkennen, da beide Faktoren ein Verlangen nach mehr „Energie“ sind. Deshalb wird Durstgefühl irrtümlicherweise häufig als Hunger interpretiert. Die Folge: Es wird schneller zur Stulle als zum Glas gegriffen.

Wie viel ist genug?

Trinken Sie mindestens 1,5 bis 2 Liter am Tag! Je weniger Sie essen, desto mehr Flüssigkeit braucht Ihr Körper zusätzlich.

Trinken sättigt! – Dr. Stephanie Dressler

Bevor Sie zu Essbarem greifen, fragen Sie sich doch einfach: Habe ich wirklich Hunger oder braucht mein Körper eher etwas zu trinken? Eine Studie der Universität Washington ergab, dass ein Glas Wasser das schmerzliche Hungergefühl bei fast allen untersuchten Diätpatienten befriedigte.

Ein Glas Wasser vor dem Essen kann ein regelrechtes „Sättigungswunder“ bewirken. Schmeckt nicht gibt's nicht! Probieren Sie so lange, bis Sie Ihr Lieblingswasser gefunden haben. Aber auch normales Leitungswasser lässt sich gut trinken und ist immer vorhanden. Unsere besten Tipps: Fangen Sie gleich morgens an, nach dem Zähneputzen zum Beispiel, oder während Sie den morgendlichen Tee oder Kaffee aufbrühen. Heißes Wasser bringt übrigens auch gleich Ihre Verdauung in Schwung.

So einfach, so preiswert! Heißes Wasser ist ein Geheimtipp bei aufkommender Erkältung und Heiserkeit.

Gewöhnen Sie sich an, eine Wasserflasche bei sich zu haben. Deponieren Sie eine kleine Flasche im Cockpit Ihres Wagens und stellen Sie sie griffbereit in die Halterung. Fahrt zu Ende – Flasche leer! Abends gehen Sie mit der Wasserflasche auf die Couch. Geht's dann später ins Bett, muss sie zu Ende getrunken sein.

Ein besonders großes (oder kleines) Glas, ein schönes neues Glas, eine Wasserkaraffe, sprudelndes Wasser, stilles Wasser, wie auch immer Sie es mögen: Hauptsache, Sie trinken!

Unsere Freundin Petra hat ihr Unbehagen, ausreichend zu trinken, auf die originellste Weise gelöst. Setzt das Wasserglas an und sagt sich bei jedem Schluck: „Und ich werde schöner und schöner ..." Funktioniert auch, ohne Zweifel!

Eine gute Alternative zum Wassertrinken ist Tee. Egal ob Rotbusch-, Kräuter- oder Früchtetee. Bereiten Sie sich morgens eine Kanne mit 1 ½ Liter. Bis zum Abend sollte die Kanne leer sein. Ohne Nachdenken haben Sie so schon 1 ½ Liter geschafft. Gerade im Winter ist Tee eine schöne Abwechslung. Mögen Sie den Tee nicht ungesüßt, hilft etwas Süßstoff.

Die Alternative des Sommers ist Apfelschorle. Mischverhältnis: 200 ml Apfelsaft auf 1 Liter Mineralwasser. Schmeckt herrlich erfrischend und macht bestimmt nicht dick.

Gegen das gelegentliche Glas eines Light-Produkts ist auch nichts einzuwenden. Dabei sollten Sie darauf achten, dass der Kaloriengehalt des Getränks unter 20 kcal pro Liter liegt. Es gibt viele so genannte Light-Getränke auf dem Markt, in denen sehr viele versteckte Zuckerstoffe enthalten sind. Auch sollten die Light-Getränke nicht im Übermaß getrunken werden, da sie abführend wirken und zu viel Süßstoff sich negativ auf die Geschmacksnerven auswirkt. Lieber in Maßen genießen oder mit Wasser verdünnen.

Koffeinhaltige Getränke, wie z. B. Kaffee, Cola light oder schwarzer und grüner Tee gehören nicht zu den empfohlenen 1 ½ bis 2 Litern. In Maßen können sie jedoch bedenkenlos genossen werden. Entgegen der bisherigen Meinung muss zu einer Tasse Kaffee kein Glas Wasser mehr getrunken werden. Wer sich das allerdings schon angewöhnt hat, sollte

es ruhig weiter beibehalten. Es schadet nichts und erhöht die Flüssigkeitsaufnahme.
Während ich das Mittagessen koche, gieße ich mir manchmal etwas Kartoffelwasser in einen Becher und gebe eine Prise gekörnte Brühe dazu. Das Kochwasser enthält wichtiges Kalium und das heiße Getränk gibt mir schon mal eine erste Sättigung. Eine Tasse heiße Gemüsebrühe hat einen doppelt positiven Effekt. Sie bremst den Hunger aus, und schon haben Sie wieder 200 ml getrunken.

Bewegung – Heike

„Sport ist Mord!", so lautet der Spruch der Bewegungsmuffel. Morgens beim Aufstehen in die Laufschuhe fallen und den sehnlichsten Wunsch verspüren, den Puls endlich auf 140 Schläge pro Minute zu bringen, dies sei das Nonplusultra, behauptet andererseits ein bekannter Sportmediziner und Autor mehrerer Bücher. Wir möchten den goldenen Mittelweg finden. Tatsache ist: Mit regelmäßiger Bewegung schmelzen die Pfunde schneller.

Grundumsatz + Leistungsumsatz

Jeder Mensch hat einen bestimmten Kaloriengrundumsatz, den er für die lebensnotwendigen Funktionen des Körpers wie Herzschlag, Atmung und sonstige Funktionen braucht. Diesen Grundumsatz benötigt der Körper im Ruhezustand, also auch dann, wenn Sie den ganzen Tag nur im Bett liegen. Hinzu kommt durch unsere Bewegung und Arbeit der Leistungsumsatz. Je mehr wir uns bewegen, desto höher ist der Leistungsumsatz.
So verbraucht z. B. eine Krankenschwester, die den ganzen Tag auf den Beinen ist und die Patienten versorgt, mit dem Fahrrad zur Arbeit fährt und dreimal die Woche ½ Stunde joggt, im Durchschnitt mehrere hundert Kalorien mehr als die Verwaltungsangestellte, die im Büro an ihrem Schreibtisch sitzt, stets mit dem Auto fährt und abends vor lauter Erschöpfung in ihren Sessel fällt und die allerhöchstens noch die Finger bewegt, um mit der Fernbedienung durch die Fernsehkanäle zu zappen.

Jeden Abend laufe ich eine Runde um den Block.

Schleichende Zunahme

Nimmt man täglich nur 100 kcal (das entspricht in etwa einem kleinen Brötchen ohne Belag) mehr zu sich, als man insge-

samt umsetzt, hat man innerhalb eines Jahres ca. 3–4 Kilo zugenommen. Eine schleichende Zunahme ist also nicht immer unbedingt die Folge von maßlosem Essen.

Um sein Gewicht auf Dauer zu halten, müsste man also genau die Kalorien pro Tag zu sich nehmen, die man verbraucht. Fazit: Je mehr Sie sich bewegen, desto mehr können Sie auch essen. Eine wohl dosierte Kalorienreduzierung lässt gemeinsam mit einem guten Maß an Bewegung die Pfunde schmelzen und Sie vor allen Dingen das Gewicht hinterher halten.

Nicht nur Fett schmilzt

Während Sie abnehmen, schmelzen leider nicht nur die Fettpölsterchen, sondern es schmilzt auch die fettfreie Masse wie z. B. Wasser, aber auch die Muskelmasse nimmt ab. Und wo verbrennen wir hauptsächlich Fett? Im Muskel!

Wenn nun durch unsere Abnahme die Muskeln mit abgebaut werden, bauen wir genau das Instrument ab, das unser Fett eigentlich verbrennen soll. Um dem vorzubeugen, ist regelmäßige Bewegung notwendig. Unsere Muskeln bleiben erhalten und nehmen eher noch zu, verbrennen dadurch also noch mehr Fett. Und Sie nehmen noch besser ab. Der Muskel verbrennt Ihr Fett sogar noch im Ruhezustand, also sogar dann, wenn sie längst wieder auf dem Sofa liegen. Doch genauso leicht, wie die Muskeln bei regelmäßiger Bewegung aufgebaut werden, schrumpfen sie beim Nichtstun wieder. Um regelmäßige Bewegung kommen Sie langfristig also nicht herum.

Spass muss sein

Wenn Sie Ihr Umfeld beobachten, werden Sie feststellen, dass diejenigen, die regelmäßig Sport treiben, ihr Gewicht am schnellsten reduzieren und vor allen Dingen auf Dauer halten. Das Erstaunliche und Erfreuliche ist dabei, dass fast jedem Bewegung Freude bereitet. Hat frau sich erst einmal überwunden, kann sie sich nicht mehr vorstellen, keinen Sport zu treiben.

Egal für welche Art von Bewegung Sie sich entscheiden, das Wichtigste ist: Es muss Ihnen Spaß machen. Es nützt nichts, sich jede Woche ins Schwimmbad zu schleppen, wenn allein der Gedanke an das Wasser Sie erschaudern lässt. Regelmäßig im Fitnessstudio Gewichte zu stemmen oder zu Hause auf dem Heimtrainer zu trainieren, nur weil Sie verbissen abnehmen möchten, ist genauso wie beim Zahnarzt den Mund aufzumachen, weil er bohren muss. Man macht es

nicht gerne und hofft, dass es bald vorbei ist: Augen zu und durch. Wie lange werden Sie unter solchen Umständen dabeibleiben? Spätestens nach dem ersten Motivationseinbruch landen die Turnschuhe in der Ecke und Sie auf dem Sofa. Wie ist es stattdessen mit Ihren Hobbys? Müssen Sie sich dazu zwingen, oder warten Sie auf jede sich bietende Gelegenheit, um ihnen nachzugehen?
Einen Sport finden, der Ihnen Spaß macht, Sie fit hält, die Pfunde purzeln oder das Gewicht halten lässt – das muss es sein. So kommen Sie Ihrem Ziel näher. Aber gibt es das überhaupt?

Wie alles begann

Zu Beginn meiner Abnahme entschloss ich mich auch zu regelmäßiger Bewegung. Ich informierte mich über die Angebote unseres Sportvereins im Dorf und entschied mich für Frauenfitness, mittwochs morgens um 9 Uhr. Sehr motiviert, mich endlich einmal zu bewegen, ging ich also zur Turnhalle und erwartete dort ebenfalls motivierte junge Frauen, die wie ich ein paar Pfunde loswerden und sich fit halten wollten. Schon in der Umkleidekabine erwachte mein Misstrauen und oben in der Halle bestätigte sich mein Verdacht. Ich stand in meinem Sportdress inmitten einer Gruppe älterer Damen, die sich gut untereinander kannten und mich neugierig betrachteten. In der Anzeige stand Frauensport, nicht Seniorensport, ich war mir ganz sicher.
Wahrscheinlich kamen diese Damen mit der gleichen Motivation zum Sport wie ich, nur dass das schon 30 Jahre her war und sie dabei geblieben waren. Die Leiterin begrüßte uns alle und ich durfte mich kurz vorstellen. „Na ja“, dachte ich, „das mache ich hier einmal mit, dann suche ich mir etwas Anspruchsvolleres.“ Voller Elan lief ich zur Musik mit den anderen durch die Halle, immer schön lächelnd. Nach ca. 10 Minuten waren alle anderen noch ziemlich fit, nur ich keuchte. Das ließ ich mir natürlich nicht anmerken. Erbarmungslos scheuchte die Leiterin uns hin und her und erwartete alle möglichen Verrenkungen. Mit verbissenem Lächeln hielt ich durch, aber innerlich musste ich die Damen wegen meines Hochmuts um Vergebung bitten. Ich ging fast ein halbes Jahr in diese Gruppe, wir verstanden uns alle sehr gut und ich bekam langsam eine bessere Kondition. Irgendwann kam der Moment, da wusste ich: Die Gruppe reicht mir nicht mehr. Eine ganze Zeit lang machte ich dann Aerobic und Latino-Aerobic, was mir sehr viel Spaß machte. Doch nach der Geburt meiner Tochter hatte

ich nicht mehr die Möglichkeit, regelmäßig in den Verein zu gehen. Also verband ich das Praktische mit dem Nützlichen.

Vom Walken zum Joggen

Weil meine Tochter täglich mindestens eine Stunde frische Luft brauchte, fing ich an, regelmäßig zu walken. Dabei hatte ich einen Kinderwagenjogger, also einen Kinderwagen mit großen Rädern und guter Federung. Mit der Zeit wurde ich immer schneller und entschloss mich, fortan Sportbekleidung zu tragen. Das gab dem Ganzen einen anderen Anstrich. Ich bekam von Tag zu Tag mehr Kondition. Nach fünf Monaten kam der Moment, da reichte mir das Walken nicht mehr: Ich wollte einfach losrennen, und das tat ich auch. Die Lust am Laufen wuchs von Tag zu Tag. Immer wieder probierte ich aus zu joggen, und von Mal zu Mal schaffte ich eine längere Strecke. Vor allen Dingen half das langsame Joggen mir dabei, durchzuhalten. Nachdem ich einige Bücher zum Thema Joggen und Walken verschlungen hatte, wusste ich: Das ist die Sportart, die ich ein Leben lang betreiben werde. Damit bleibe ich fit, gesund und halte mein Gewicht.

> Dem, der von einem Ziel und einer Leidenschaft erfüllt ist, ist es nicht langweilig.

Beim Laufen spielt die Dauer und die richtige Herzfrequenz eine große Rolle. Denn nur wer im richtigen Herzfrequenzbereich läuft, verbrennt auch optimal Fett und bleibt gesund. Laufen mit dem richtigen Trainingspuls, so dass die Fettverbrennung noch gut funktioniert, so lautete von nun an meine Devise. Nicht nur die Pfunde schmelzen durch das regelmäßige Laufen.

Vorteile des Laufens

Nicht nur die Pfunde schmelzen durch das regelmäßige Laufen. Seitdem ich mich regelmäßig an der frischen Luft bewege, bin ich viel ausgeglichener. Ich bin konzentrierter, kann nachts besser schlafen und bin allgemein wacher. Durch regelmäßiges Laufen schaffe ich es leichter mein Gewicht zu halten und freue mich an meiner Fitness. Das fällt besonders auf, wenn ich mit untrainierten Freundinnen aus dem Flachland unsere Weinberge erklimme. Wenn Sie noch mehr über das Laufen und seine Vorzüge erfahren wollen, lohnt sich die Anschaffung eines Fachbuchs.

Walking/Nordic Walking

Nun ist Joggen sicher nicht für jeden Menschen geeignet und auch nicht in jedem Gelände ratsam. Durch den Aufprall des mehrfachen Körpergewichts werden die Gelenke extrem belastet, was auf Dauer zu Beschwerden führen kann. Gerade Übergewichtige sollten hier aufpassen. Durch den richtigen Laufschuh kann zwar schon eine Menge abgefedert werden, aber auch der hilft nur bedingt.

Eine gute Alternative ist das Walken. Es steht dem Joggen in nichts nach und hat die gleichen Vorteile. Noch besser ist das Laufen mit Stöcken. Diese äußerst effektive Trainingsform wird in Finnland bereits von ca. 900.000 Menschen regelmäßig betrieben und ist mittlerweile auch hierzulande durch Medienberichte, Veranstaltungen und die Errichtung von Nordic-Fitness-Parks weit verbreitet. Neben den vielen Vorteilen des Laufens bietet Nordic Walking noch einige Vorteile mehr.

Nordic Walking

- ist 40–50 % effektiver als Walking ohne Stöcke. Es werden bei effektiver Technik ca. 90 % der Gesamtmuskulatur betätigt, was zu einem enorm hohen Energieverbrauch führt.
- entlastet den Bewegungsapparat um bis zu 30 %.
- löst Verspannungen im Schulter- und Nackenbereich.
- stärkt das Selbstwertgefühl.
- macht Spaß, auch in der Gruppe.
- lässt die Natur neu erleben.
- hat ansonsten alle Vorteile, die das Joggen mit sich bringt.
- ist ein Ganzkörpertraining.

Laufend beten

Durch das regelmäßige Laufen in der Natur können Sie ein neues und besseres Körpergefühl entwickeln. Es sollte immer ein Weg zu mehr Erholung und ein Ausgleich für Körper, Seele und Geist sein. Die Zeit beim Laufen können Sie doppelt nutzen. Neben den ganzen Vorteilen, die Ihnen das Nordic Walking bietet, ist es eine gute Möglichkeit, regelmäßig Zeit mit Gott zu verbringen. Wann sonst haben Sie so viel Zeit am Stück, ohne von irgendjemandem gestört zu werden? Sofern Ihr Handy nicht dabei ist oder Sie es ausgestellt haben, kann Sie niemand erreichen.

Ich laufe los und vergesse den Alltag. Das Laufen ist eine Zeit, die ich alleine mit mir und meinem Gott verbringe. Hier kann ich Gott all meine Sorgen abgeben, meine Familie unter seinen Schutz stellen, meinen Tag in seine Hände legen. Ich kann ihm danken für die wunderschöne Welt, die er erschaffen hat. In der Natur bekomme ich dafür einen viel besseren Blick. Dinge, die sonst wie selbstverständlich an meinem Auge vorübergehen, bekommen einen ganz neuen Wert, wenn ich sie dankend betrachte.

Morgenstund und sonstige Ausreden

Ich laufe meistens morgens, wenn meine Kinder in der Schule und im Kindergarten sind. „Dann muss ich bügeln oder das Haus aufräumen", erwidern Sie vielleicht. Ja, das müsste ich eigentlich auch. Aber wissen Sie, was ich festgestellt habe? Wir brauchen gar keine Angst zu haben. Wenn wir vom Laufen wiederkommen, ist die Bügelwäsche immer noch da, und auch das Haus ist noch nicht geputzt. Also keine Angst, es nimmt Ihnen niemand die Arbeit weg. Was Sie aber merken werden: Das Bügeln und die Hausarbeit gehen Ihnen leichter von der Hand. Wenn Sie morgens schon Ihren Tag in Gottes Hände legen, die Kinder, Ihren Mann, Ihr Umfeld segnen, Gott zu Ihrem Herzen sprechen lassen und ihm danken für Ihr Leben und für das, was er für Sie getan hat, dann werden Sie spüren, Ihr Alltag geht Ihnen leichter von der Hand. Wenn Sie dann das ganze noch mit einem Ausdauertraining verbinden, Ihren Körper mit Sauerstoff tanken, dann werden Sie vor Lebensfreude übersprudeln.

Keine Zeit für Stille Zeit

Ich höre in der Seelsorge immer wieder Frauen, die sich keine Zeit für Gott nehmen, die so gut wie nie „Stille Zeit" haben und daher auch so gut wie nichts mit Gott erleben. Genauso oft höre ich Frauen, die sich nie Zeit für sich selber nehmen. Sobald sie einmal etwas für sich selbst tun, bekommen sie ein schlechtes Gewissen. Warum also nicht das eine mit dem anderen kombinieren? Wo steht denn in der Bibel geschrieben, dass wir uns zum Beten immer hinsetzen müssen? Wer schreibt uns denn vor, wo wir beten sollen?

> Du kannst dem Leben nicht mehr Tage geben, aber dem Tag mehr Leben.

Natürlich wäre es etwas ungewöhnlich, wenn wir durch einen gut besuchten Park laufen und die ganze Zeit laut vor uns hinbeten würden. Aber es gibt sicher auch Wege und Strecken, wo uns nicht so viele Menschen begegnen. Fangen Sie einfach einmal an. Laufen Sie los und beginnen Sie, Gott zu danken – für Ihr Leben, wie er Sie geschaffen hat. Fragen Sie ihn nach seinen Wegen, die er für Sie bestimmt hat. Viele Ideen und Visionen hat Gott mir beim Laufen und Beten geschenkt. Einige habe ich umgesetzt, einige verworfen. Aber Gott wird zu Ihrem Herzen sprechen. Probieren Sie es aus.

Dem Wetter trotzen

Tipp: Es gibt kein schlechtes Wetter, nur schlechte Kleidung. Laufen können Sie bei fast jedem Wetter. Im Sommer luftig, im Winter mit mehreren Schichten, bei Regen wasserdicht, im Dunkeln mit Stirnlampe. So kann das Wetter Ihnen keinen Strich durch die Rechnung machen. Wollen Sie trotzdem nicht raus?

Sich leicht hopsen und fliegen lernen

Dann ist das Trampolin eine gute Alternative. Das ist zu anstrengend? Geht hopsen nicht auf die Gelenke? Laufen Sie doch mal auf dem Trampolin, immer schön auf der Stelle. Ich lege mehrere Kilometer auf dem 1 Meter Durchmesser zurück, während draußen bei Minusgraden die Straße zur Eisfläche wird. Ist Ihnen zu langweilig? Mir auch. Bin ich sonst sehr zurückhaltend, was unseren Fernseher angeht – laufend auf dem Trampolin vergeht die Zeit wie im Flug, wenn ich nebenbei einen spannenden Film sehe. Probieren Sie es aus. Wichtig bei der Bewegung auf dem Trampolin: Vorher und hinterher gut dehnen, vor allen Dingen die Wadenmuskulatur. Die Gelenke werden durch die Federung geschont, die Waden ganz schön beansprucht. Die Arme dabei angewinkelt kräftig mitschwingen lassen. Walking oder Jogging auf dem Trampolin ist eine sehr praktische Art, sich zu bewegen – und zwischendurch, wenn es einen überkommt, kann man auch mal richtig loshopsen und das Gefühl bekommen, fliegen zu können.

Motivationstipps:

- **Verabreden Sie sich regelmäßig zum Laufen mit einer Freundin, es kann auch die Nachbarin sein.**
- **Schließen Sie sich einem Verein oder einer Laufgruppe an.**

- Belegen Sie einen Nordic-Walking-Kurs. Hier lernt man nette Leute kennen, eignet sich die korrekte Technik an und kann sich hinterher auch regelmäßig treffen.
- Stellen Sie Ihren Heimtrainer oder das Trampolin vor den Fernseher. Suchen Sie sich Ihre Lieblingssendung heraus, die jeden Tag läuft. Die Sendung gibt es nur während des Trainings, sonst wird die Folge verpasst.
- Legen Sie feste Termine für Ihre Bewegung fest, währenddessen können Sie sich nichts anderes vornehmen.

Einige Details zur Energiewirtschaft des Körpers

Durch die Nahrung werden dem Organismus die Stoffe zugeführt, die er zur Deckung seines Energiebedarfs benötigt. Die täglich aufgenommene Nahrung enthält verschiedene Mengen von Nährstoffen (Kohlenhydrate, Fette, Eiweiße), Vitamine, Mineralien, Geschmacks- und Ballaststoffe sowie Wasser. Hauptenergielieferanten sind die Kohlenhydrate und Fette. Muskeln können auf die Energiegewinnung aus Fett und Eiweiß umschalten.

Bei körperlichen Belastungen erfolgt die Bereitstellung von Energie aus einer so genannten Mischverbrennung: Kohlenhydrate, Fett und auch Eiweiß werden – je nach Dauer der Belastung – in unterschiedlichen Anteilen zur Energiegewinnung herangezogen.

Energiequellen bei körperlicher Belastung

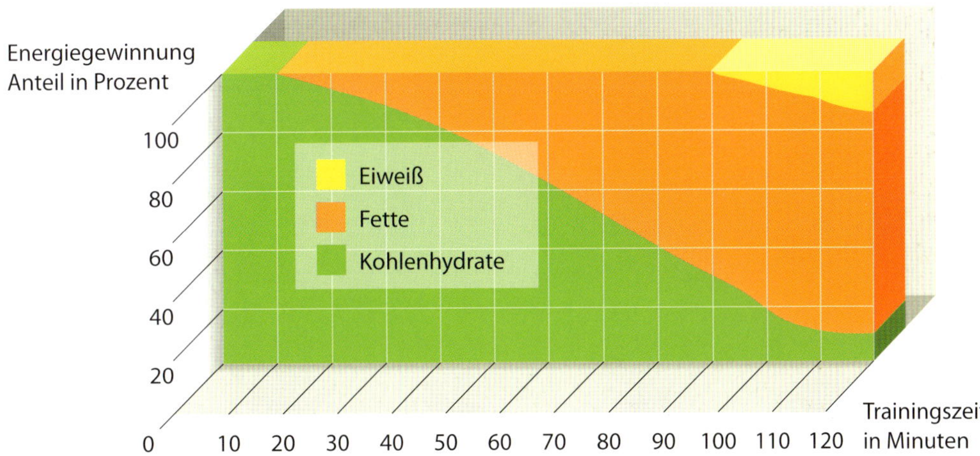

Bei einer mittleren Belastungsdauer bis zu zwanzig Minuten gewinnt der Muskel die benötigte Energie überwiegend aus Kohlenhydraten und zum sehr geringen Teil aus Fett. Erst bei längerer Belastung ab 30 Minuten aufwärts schaltet der Körper vermehrt auf die Energiegewinnung aus Fett um. Allerdings werden dabei immer auch Kohlenhydrate verwertet, denn ohne Kohlenhydrate kann der Körper Fette nicht zur Energiegewinnung abbauen.

Energiequellen

Energie wird vom Organismus in Form von Wärme und Arbeit abgegeben. Der Energiebedarf des menschlichen Organismus wird am stärksten durch die Muskeltätigkeit beim Sporttreiben gesteigert. Für die Vielzahl der unterschiedlichen Beanspruchungen in den verschiedenen Sportarten kann unser Organismus je nach Bedarf die notwendige Energie bereitstellen. Die wichtigste Energiequelle zur Ausführung sportlicher Bewegung sind die Kohlenhydrate und Fette. Grundsätzlich unterscheidet man in ein aerobes und ein anaerobes Energiesystem.

Aerobes Training – langsames Laufen

Die aerobe Energielieferung (mit Sauerstoff) braucht einige Zeit, um anzulaufen (ca. 2–3 Minuten). Bei leichten und mittleren Ausdauerbelastungen werden hierbei zunächst die Kohlenhydratreserven verbrannt, anschließend werden zur weiteren Energielieferung Fette herangezogen.

Beim Abnehmen sollten Sie sich möglichst lange und mit geringer Intensität belasten. Die Fettverbrennung wird dann maximal gefördert und dies kann zu einer Gewichtsabnahme führen. Durch regelmäßiges Training wird dabei die Ausdauer allerdings so gestärkt, dass die Intensität immer höher werden kann. Am besten läuft man deshalb mit einer guten Pulsuhr.

> Die Dinge sind nie das, was sie sind. Sie sind immer das, was wir daraus machen.
>
> JEAN ANOUILH

Geringe Intensität heißt dabei aber nicht, langsam spazieren gehen. Eine gewisse Anstrengung sollte schon zu spüren sein. Ohne Pulsuhr kann man sich nach dem Prinzip „Laufen ohne zu schnaufen“ orientieren. Sie sollten sich beim Laufen noch gut unterhalten können. Ist kein Partner da, versuchen Sie es mal mit Selbstgesprächen oder mit Gebet. Aber dann möglichst darauf achten, dass nicht zu viele Leute in der Nähe sind, denn sonst könnte man falsche Schlüsse aus Ihrem Gemurmel ziehen.

Das aerobe System ist bis ins hohe Alter trainierbar und verbessert bei regelmäßigem Training die Grundlagenausdauer. Ihr Herz-Kreislauf-System stabilisiert sich und ist insgesamt ausgeglichener. Um fit, schlank und gesund zu bleiben, sollten Sie sich mindestens 3-mal pro Woche in diesem Belastungsbereich 30–45 Minuten am Stück betätigen. Andere Möglichkeiten sind noch Schwimmen, Radfahren, Walking, Nordic Walking, Skilanglauf usw.

Anaerobes Training – rennen

Die anaerobe Energielieferung (ohne Sauerstoff) erfolgt bei kurzen, intensiven Belastungen (z. B. 100-Meter-Sprint), für welche in kurzer Zeit viel Energie benötigt wird. Dabei geht der Körper eine Sauerstoffschuld ein, der Muskel übersäuert und stellt früher oder später die Arbeit ein. Im allgemeinen Gesundheitssport, in der Bewegungstherapie und zum Abnehmen sollte deshalb auf hochintensive Belastungsspitzen verzichtet werden.

Das Herz ist der beste Trainingspartner

In Ruhe, also morgens noch vor dem Aufstehen, schlägt der rund 300 Gramm schwere Herzmuskel etwa 70-mal in der Minute. Bei körperlicher Anstrengung sogar doppelt so schnell und mehr. Mit jedem Schlag pumpt das Herz rund 70 bis 100 Milliliter Blut durch die Adern – so viel wie ein kleines Wasserglas voll –, um alle 50 Billionen Körperzellen mit Sauerstoff und Nährstoffen zu versorgen und von allen „Schlacken" zu entsorgen.

Pro Minute sind das rund fünf Liter und damit mehr als 7.000 Liter am Tag. Bei starker körperlicher Anstrengung und damit einem erhöhten Sauerstoff- und Nährstoffbedarf der Muskeln muss das Herz seine Pumpleistung auf bis zu 20 Liter in der Minute steigern. Man kann sich das mal verdeutlichen, indem man zwei volle 10-Liter-Eimer hebt. Das Herz ist unser Lebensmotor.

> Musik belebt! Klassik entspannt, Tanzmusik entkrampft, Lobpreis beflügelt Seele und Geist.

Körperliche Fitness, gesunde Ernährung und eine Balance von Körper, Geist und Seele reduzieren das Erkrankungsrisiko und sorgen für eine gleichmäßige und star-

ke Leistungsfähigkeit. Die Herzfrequenz ist nachweislich der einzige kontinuierlich messbare Parameter, der ein sehr genaues Abbild über unsere Fitness und deren Veränderungen erlaubt.

Herzfrequenz

Die Herzfrequenz ist von verschiedenen Faktoren beeinflusst, dazu gehören:

- Alter
- Geschlecht
- Trainingszustand
- Einnahme koffeinhaltiger Getränke und Alkohol
- Einnahme von Medikamenten
- Stress-Level
- Umgebung (Höhe, Temperatur ...)
- Technik
- Intensität
- Art der Bewegung/Einsatz der Muskelmasse

Maximale Herzfrequenz

Ein wichtiger Messwert zur Optimierung des persönlichen Trainingsplans ist die maximale Herzfrequenz (maxHF). Folgende Methoden gibt es, um sie festzustellen:

- Test im Labor: Der Test ist sehr aufwändig und nicht gerade preiswert, wird daher fast nur von Leistungssportlern angewendet.
- Maximal-Feldtest: 400 m laufen oder 1000 m Rad fahren mit maximalem Tempo, anschließend die Herzfrequenz messen (mit Pulsuhr oder am Handgelenk, 15 Sek. Pulsschläge zählen, dann mal 4 nehmen).
- Schätzung der maximalen Herzfrequenz:
  Frauen: 226 – Lebensalter (Beispiel: 226 – 40 Jahre = 186)
  Männer: 220 – Lebensalter (Beispiel: 220 – 50 Jahre = 170)

Ausdauertraining

Regelmäßiges Training führt dazu, dass der Organismus ökonomischer arbeitet. Daraus resultiert eine deutliche Arbeitserleichterung für das Herz. So kann beispielsweise ein moderates Ausdauertraining die durchschnittliche Herzfrequenz um 10–20 Schläge je Minute senken. Keine Frage, dass das Herz damit sicherlich länger arbeiten kann, ein Leben lang.

Ein moderates, das heißt ein gesundheitlich wirksames Ausdauertraining erfordert 3-mal pro Woche ein Training von 45 Minuten. Die Belastung richtet sich hierbei nach dem individuellen Trainingszustand. Nach folgender Formel kann man sich einen ersten Trainingsplan erstellen:

Fitnessherzfrequenz (70–85 % der max. Herzfrequenz)
- ambitionierter Freizeitsport
- Leistungsoptimierung

Fettstoffwechselherzfrequenz (60–70 % der max. Herzfrequenz)
- Gewichtsmanagement
- Alterssport
- gesundheitsorientierte Fitness
- Grundlagenausdauertraining

Gesundheitsherzfrequenz (50–60 % der max. Herzfrequenz)
- Trainingsanfänger
- Alterssport
- Regeneration
- Rehabilitation
- Grundlagenausdauertraining

Wichtig für alle, die Gewichtsabnahme mit einem Einstieg in den Sport verbinden wollen: Wer jahrelang keinen Sport getrieben hat und möglicherweise übergewichtig ist (s. Body-Mass-Index auf S. 39) sollte auf jeden Fall vor Trainingsbeginn seinen Arzt aufsuchen!

Wenn Sie sich für die Mitgliedschaft in einem Verein oder Fitnessstudio entscheiden, achten Sie darauf, dass man Sie gut berät und einen individuellen Trainingsplan für Sie zusammenstellt.

Ein Vormittag im Café Mayer

Einen ganzen Morgen haben meine Freundin und ich uns frei genommen, um mal wieder richtig Zeit miteinander zu verbringen. „Frühstück bei Tiffany" im Café Mayer. Wir wussten: Es gibt Brötchen, Ei, Wurst, Käse, Fisch, Obst, Saft, Sekt und Latte Macchiato ohne Begrenzung. Ausgerechnet entspräche so ein Frühstück dem Tagesbedarf an Kalorien, den eine Frau normalerweise benötigt. Was also tun? Wir trafen uns eine halbe Stunde eher und legten die 3,5 km bis zum Café zu Fuß zurück. Das Frühstück genossen wir mit allen Sinnen. Fußmarsch zurück, und schon ist die Motivation, den Haushalt zu schmeißen und die Kinder zu versorgen wieder da. Ab und zu mal eine „Auszeit" versorgt Ihre Seele mit Balsam und lässt Sie wieder durchatmen. Und durch die zusätzliche Bewegung bekam nicht nur der Körper eine Frischluftzufuhr, abends gab es auch noch etwas zu essen.

Abnehmen und Hormone I: PMS verstehen und überwinden – Beate

Ich erinnere mich noch genau an einen Sommerurlaub am Meer. Alle fünf Kinder waren mit dabei, das Wetter war traumhaft und die äußeren Umstände „günstig" für entspannte Ferientage. Wenn da nicht diese unerklärlichen Stimmungsschwankungen gewesen wären, die mich zu dieser Zeit regelmäßig überkamen, wenn meine Periode bevorstand. Dann konnte ich mich selbst nicht mehr leiden. Meine Streitlust und Empfindlichkeit nahm zu, meine Brüste spannten schmerzhaft und durch Wassereinlagerungen nahm ich mindestens 1–1,5 Kilo zu. Die Tage vor den Tagen wurden zu einer wiederkehrenden Geduldsprobe für mich. Ich sah die Probleme regelrecht auf mich zurollen und schien nicht in der Lage, meinen hormonellen Turbulenzen etwas entgegenzusetzen. So waren auch einige dieser Urlaubstage überschattet von meinen „Befindlichkeiten". Damals entschloss ich mich, mehr über die Thematik des Prämenstruellen Syndroms herauszufinden.

> Lebenskunst ist, den Problemen nicht auszuweichen, sondern daran zu wachsen.
>
> ANAXIMANDER

Für mich war es eine Erleichterung zu lesen, dass meine fünf Geburten (und eine Fehlgeburt) zu einem Hormonmangel geführt hatten, der sich in dieser Form nun auf meine Stimmung niederschlug. Allein dieses Wissen machte mir meinen Zustand etwas leichter.

80–90 % aller Frauen leiden in irgendeiner Phase ihres Lebens an hormonellen Turbulenzen; 10–20 % von ihnen so schwer, dass sie sich

nachhaltig beeinträchtigt fühlen. Deshalb ist es mein Anliegen, in diesem Kapitel sowohl Wissen über PMS beizusteuern als auch Tipps zu geben, wie man seinen Ausläufern die Spitze abschneiden kann.

Definition: Als Prämenstruelles Syndrom (PMS) bezeichnet man die Vielzahl regelmäßig wiederkehrender psychischer und physischer Beeinträchtigungen, die im Zeitraum vor der Periode bei jedem Zyklus der betreffenden Frau auftreten und mit Beginn der Blutungen abklingen.

Dass die Periode bevorsteht, merken viele Frauen auch ohne Kalender. Der Bauch wird runder, die Brust spannt, das Nervenkostüm wird dünner. Manche Frau erlebt solche Befindlichkeitsstörungen nur 1–3 Tage vor dem Einsetzen der Periode, andere bereits ab der Zyklusmitte (nach dem Eisprung).
Dauer und Intensität der Beschwerden sind von Frau zu Frau und von Zyklus zu Zyklus verschieden. Die Periode selbst ist bei den betroffenen Frauen meist schmerzfrei.

Ursachen und verstärkende Faktoren

PMS wird durch ein Ungleichgewicht der Hormone Östrogen und Progesteron in der zweiten Zyklushälfte verursacht. In der ersten Zyklushälfte herrscht im weiblichen Körper das Hormon Östrogen vor, in der zweiten Hälfte Progesteron. PMS entsteht, wenn das natürliche Gleichgewicht gestört und zu wenig Progesteron produziert wird.

Einfluss der Pille

Ein wesentlicher Bestandteil der Pille ist die künstliche Form der Hormone Östrogen und Progesteron. Sie blockieren und ersetzen die körpereigene Hormonproduktion. Viele Ärzte setzen bei Zyklusstörungen und auch bei PMS die Pille ein, da sie den Körper während des Zyklus gleichmäßig mit Hormonen versorgt. Bei einem Drittel der mit der Pille behandelten Frauen werden die Beschwerden so gelindert, ein Drittel erfährt keine Besserung und bei dem letzten Drittel verschärfen sich die Probleme sogar. Unabhängig von PMS führt die Pille bei manchen Frauen zu Stimmungsschwankungen und Depressionen.

Mehrfache Schwangerschaften

Während der Schwangerschaft produziert der Körper ein sehr viel höheres Maß an Progesteron. Je mehr Schwangerschaften, desto „müder" wird der Körper in seiner Hormonproduktion und desto höher das PMS-Risiko.

Fehlgeburten und Abtreibungen

Fehlgeburten werden oft durch Progesteronmangel verursacht. Frauen mit PMS scheinen häufiger Fehlgeburten zu erleiden. Auch die abrupte Beendigung einer Schwangerschaft durch Abtreibung bringt die Hormonproduktion durcheinander.

> Wenn du nicht hin und wieder versagst, ist das ein Zeichen dafür, dass du ständig nur auf Nummer sicher gehst.
>
> WOODY ALLEN

PMS und Übergewicht

Je mehr Pfunde Sie mit sich herumtragen, desto größer die Gefahr, durch PMS beeinträchtigt zu werden. Der medizinische Gewinn, wenn Sie Gewicht verlieren, liegt auf der Hand:

- Normalisierung des Hormonspiegels und Verminderung der PMS-Beschwerden
- Verbesserung des Kohlenhydratstoffwechsels
- Der Blutdruck reguliert und normalisiert sich
- Mehr Bewegungsfreude bei weniger Gewicht
- Stärkere Selbstachtung

PMS und die Bedeutung des Lebensalters

PMS kann bereits bei Teenagern auftreten. Ein großer Teil der Disharmonie bei Teenagern beruht ja auf der hormonellen Umstellung. PMS kann sich in den Dreißigern deutlich verstärken, sei es durch hormonelle Veränderungen oder bedingt durch den Stress, der diese Lebensphase auszeichnet. Mit zunehmendem Alter wird der Körper in seiner Hormonproduktion müde, besonders nach mehrfachen Schwangerschaften, und begünstigt somit heftigere Symptome. Im Alter von 40–45 Jahren nimmt die Schärfe und Dauer der Symptome ab. Für die meisten Frauen endet PMS mit der Menopause. Nach der Menopause dürfte keine Frau mehr unter PMS leiden, da die Eierstöcke nun inaktiv sind.

PMS erkennen

Für Frauen, denen das Wissen über PMS neu ist, dürfte die Frage „Habe ich PMS?“ nicht eindeutig zu beantworten sein. Alle Symptome müssen nach der Periode für mindestens eine Woche, d.h. mindestens bis nach dem Eisprung, völlig verschwunden sein. Entscheidend ist der Zeitpunkt des Auftretens. PMS kann wenige Stunden vor Einsetzen der Periode, aber auch 14 Tage vorher beginnen. Doch es ist schwierig, sich zurückzuerinnern, wie man sich vor zwei Wochen gefühlt hat. So empfiehlt sich eine abendliche Eintragung im Kalender mit der Aufzeichnung der Symptome, die am meisten Beschwerden bereiten. Verwenden Sie Abkürzungen wie S = Spannung oder BE = Brustempfindlichkeit. Setzen Sie große Buchstaben für starke Beschwerden, kleine Buchstaben für schwache Symptome. M steht für Menses (Regelblutung).

Psychische Beschwerden

Die psychischen Symptome sind für die meisten Frauen am schwierigsten zu bewältigen. PMS scheint ihre schlechtesten Eigenschaften zum Vorschein zu bringen. Das hervorstechendste Merkmal ist der plötzliche Stimmungsumschwung. Des Weiteren: negatives, kritisches Denken, Reizbarkeit, Nervosität, innere Anspannung, Ängste, Depressionen, Traurigkeit, Wutausbrüche mit oder ohne Gewalt, Selbsthass, Konzentrationsstörungen, Vergesslichkeit, hektische Betriebsamkeit, Schlafstörungen.

Ist die PMS-Phase vorbei und die Blutung setzt ein, versteht die Frau ihre Gefühle der letzten Tage nicht mehr – die Wolke verzieht sich.

Körperliche Symptome

Schmerzhaftes Spannungsgefühl in der Brust (gesteigerte Empfindlichkeit bis hin zu akutem Schmerz) wegen der erhöhten Wassereinlagerung in diesen Tagen oder bedingt durch die bessere Durchblutung.

- Wassereinlagerung: Für die meisten Frauen ist jede Gewichtszunahme ärgerlich. In den Tagen vor den Tagen lagert der Körper mehr Wasser ein, produziert weniger Urin. Wenige Stunden nach Einsetzen der Blutungen werden große Harnmengen ausgeschieden und die Beschwerden verschwinden.
- Heißhunger: Die Frau erlebt eine regelrechte Gier nach bestimmten Speisen. Gelüsten, denen sie sonst widersteht, gibt sie leichter nach, was sie noch mehr frustriert.

- Kopfschmerzen a) im Gesichtsbereich, da die Nebenhöhlen durch Schwellung blockiert sind und b) prämenstruelle Spannungskopfschmerzen, ausgelöst durch Alltagsstress, verstärkt durch PMS. Frauen, die öfters unter Migräne leiden, haben eine erhöhte Migränebereitschaft.
- Unterleibsschmerzen: Sie beruhen auf dem Anschwellen und der Stauung der Blutgefäße in der Beckenregion. Beim Periodenschmerz selbst ziehen sich die Muskelwände der Gebärmutter zusammen und stoßen das unbefruchtete Ei ab.
- Weitere Symptome: Rückenschmerzen, Muskelkrämpfe, Völlegefühl, Verstopfung, Kribbeln in den Fingern, Lethargie, nach geringer Anstrengung große Erschöpfung.
- Erhöhte Unfallneigung: In der PMS-Phase kommt es leichter zu häuslichen und außerhäuslichen Unfällen (Autounfälle, Ungeschicklichkeiten, Schnittverletzungen, Dinge fallen lassen ...). Infolge der inneren Anspannung kommt es zu einer Zunahme der Muskelspannung, verbunden mit Konzentrationsschwäche. Der seelische Druck kann eine Verspannung der Muskeln mit Steifheit, Schwerfälligkeit sowie Gliederschmerzen bewirken.

Das kann der Arzt gegen PMS tun

Er kann andere Gesundheitsprobleme ausschließen. Er kann die Diagnose stellen (manche Frauen fühlen sich erleichtert, wenn ihre Beschwerden einen Namen haben). Er kann beraten und eventuell Medikamente verordnen. Bewährte pflanzliche Mittel sind z. B. Nachtkerzenöl (hilft gegen das Spannungs- und Druckgefühl in der Brust) und Mönchspfeffer (kurbelt die Gehirnzellen an, die für die Hormonproduktion der Eierstöcke sorgen). Hormonfreie Medikamente müssen erst beim Einsetzen der Symptome eingenommen werden. Neben den rein pflanzlichen Präparaten hilft auch Aspirin, weil es der Verkrampfung der Gebärmutter entgegenwirkt. Es empfiehlt sich eine lösliche Form, die zusätzlich Vitamin C enthält, weil das Medikament so leichter resorbiert und ins Blut aufgenommen wird (evtl. Saft einer Zitrone oder Orange zufügen). Nur in schweren Fällen wird der Arzt eine Hormonbehandlung empfehlen.

Und das hat mir geholfen

Allein zu wissen, dass es nicht meine Launenhaftigkeit oder Disziplinlosigkeit war, die verursachte, dass ich mich so jämmerlich fühlte, sondern handfeste medizinische Tatsachen, war Balsam. Für mich war es auch „taktisch klug", meinen Mann mit einzubeziehen, wenn ich mich aufgrund der herannahenden Periode angegriffen fühlte. Sein Wissen half ihm und mir so manches Mal, die Stimmung in diesen Tagen zu entschärfen.

Für die meisten Frauen ist jede Gewichtszunahme ärgerlich. Noch viel unwohler fühlen sie sich, wenn die Kleider an den Tagen mit PMS zu eng sind und spannen. Gönnen Sie sich gerade dann ein Outfit, das nicht nur hübsch, sondern auch bequem ist. Steht es Ihnen? Mögen Sie den Stoff? Ist es weit genug?

Am liebsten würde ich mich manchmal ins Bett verkriechen und ein paar Stunden zusätzlich verschlafen. Das geht bei einem 7-Personen-Haushalt eigentlich nie. Habe ich es in den Ferien mal probiert, blieb der Erfolg meist aus. Ich wachte müde und zerschlagen auf, eine Menge Arbeit war liegen geblieben und ich brauchte noch mehr Zeit, um in Schwung zu kommen. Besser bekam mir die Strategie, meinen Tätigkeiten an diesem Tag eine Reihenfolge zu geben und darauf zu achten, mich nicht zu überfordern:

- Ich stehe früh genug auf.
- Ich gehe nicht auf die Waage.
- Durch kurze Gymnastik bringe ich meine steifen Muskeln in Schwung.
- Ich mache mich besonders sorgfältig zurecht und achte auf die richtige Kleidung.
- Ich frühstücke ausgewogen, damit die Hormonproduktion nicht ins Stottern gerät und der Blutzuckerspiegel konstant bleibt.
- Ich trinke viel.
- Ich nehme kleine Zwischenmahlzeiten zu mir und habe keine Schuldgefühle, wenn der Jieper nach Süßem mich übermannt.
- Ich achte darauf, eine gesunde warme Hauptmahlzeit einzuplanen, die mir hilft, meinen Heißhunger an diesen Tagen in Schach zu halten.
- Ich bewege mich zusätzlich.
- Ich unternehme keine anstrengenden gesellschaftlichen Aktivitäten.

Wer das Bedürfnis, sich selbst etwas Gutes zu gönnen, dauerhaft ignoriert, kann wirklich krank werden. Damit erzwingt sich der Körper den Rückzug, den Sie sich selber nicht gönnen. Nehmen Sie sich ruhig ab und zu einen Babysitter,

Genuss ohne Reue: Badewanne! Anrufbeantworter einschalten, Handtücher auf die Heizung, Kerzen, Musik, Badezusatz – eintauchen, abschalten!

auch tagsüber! Mit Kleinkindern kann die physische Energie schon am Mittag verbraucht sein. Das Arbeiten soll besonders an diesen Tagen auch Spaß machen. Backen Sie z.B. ein Brot. Hüten Sie sich davor, den Tag lustlos zu verplempern, ohne irgendetwas zu tun, und vor dem eigenen „Elend" zu kapitulieren.

Bewegung und was mir wirklich geholfen hat

Bewegung spielt bei der Bewältigung von PMS eine wichtige Rolle. Weil PMS durch Stress verstärkt wird und Bewegung Stress abbaut, wirkt sich Sport unmittelbar positiv aus.

Im Gegensatz zu Heike muss ich mich zum Sport aufraffen. Doch gerade an diesen Tagen merke ich, wie gut es mir tut, meinen Schweinehund an die Leine zu nehmen und mich zu bewegen. Wählen Sie eine sportliche Aktivität, die Ihnen auch Spaß macht:

Fahrrad fahren, Schwimmen, Tanzen, Jazz-Gymnastik, Aerobic (hier gibt es auch gute Videos mit Anleitung und christlicher Musik). Hauptsache, Sie kommen in Schwung.

Das Umsetzen dieser Tipps liegt weitgehend in Ihrer Hand. Kein anderer als Sie kann Ihre Ernährungsgewohnheiten ändern, niemand Ihnen Ihr Bewegungsprogramm abnehmen, keiner kann Ihren Zeitplan ordnen. Doch die Sorgfalt lohnt sich. Wenn Sie sich überwinden, verbessert sich Ihre gesamte Lebensqualität. Der wichtigste Schlüssel zur Bewältigung von PMS liegt in Ihrer Einstellung. Entschließen Sie sich bewusst, unkontrollierte, negative, kritische Gedanken durch glaubensvolle und positive Gedanken zu ersetzen, lieblose Gedankenblitze durch Segnungsgebete. Es funktioniert! Die „Muskeln" die sich vor Jahren bei mir durch dieses Ausdauertraining entwickelt haben, kommen mir heute noch zugute. Ich begann, fest damit zu rechnen, dass ich PMS in den Griff bekommen konnte, anstatt mich davon bestimmen zu lassen – und es geschah. Auch heute habe ich noch manchmal zu kämpfen. Manche Monate beeinträchtigt PMS mich stärker, manche weniger. Doch die Kombination von Wissen, praktischen Tipps und der „Kontrolle" über mein Gedankenleben hat mir seit Jahren geholfen, die negativen Auswirkungen von PMS in meinem Alltag zu überwinden.

> Wenn uns das Schicksal eine Zitrone reicht, sollten wir Limonade machen.
>
> DALE CARNEGIE

Abnehmen und Hormone II:

Die Wechseljahre – eine „gewichtige" Zeit? • Renate Schnarr

Und wieder mal die Luft anhalten und auf die Waage steigen – das ist für viele Frauen täglich oder wöchentlich der Moment der Wahrheit. Wenn der Zeiger dann wieder ein Stückchen nach oben wandert, kann das besonders Frauen zwischen 40 und 60 verzweifeln lassen. Dabei essen sie doch so normal wie immer! Und trotzdem steigt das Gewicht kontinuierlich an.

Frauen nehmen nachweislich in den Wechseljahren zu. 50 % sind davon betroffen.

Die Muskelmasse verringert sich, frau bewegt sich weniger und der Körper braucht, je älter er wird, weniger Energie. Wenn sie ihre Essgewohnheiten beibehält, führt das auf lange Sicht zu einer stetigen Gewichtszunahme. Die Deutsche Gesellschaft für Ernährung hat folgende Richtwerte für die Energiezufuhr empfohlen:

- Eine 25- bis 50-jährige Frau braucht 2000 kcal.
- Eine 51- bis 64-jährige Frau braucht 1800 kcal.
- Eine über 65-Jährige braucht nur noch 1700 kcal.

Wie kann man jetzt aber sein Gewicht halten?

- Sportliche Bewegung sorgt für Endorphinbildung, das hat positive Auswirkungen auf die Laune, das Körpergewicht, die Fitness und den ganzen Stoffwechsel. Schwimmen, Radfahren, Nordic Walking … ein Hund, mit dem man bei jedem Wetter Gassi gehen muss, es gibt so viele Möglichkeiten!
- Schränken Sie den Fettverbrauch ein. Essen Sie viel Gemüse, Obst und Getreideprodukte. In Vollkornlebensmitteln sind viele Ballaststoffe.
- Trinken Sie viel, täglich mindestens 1,5 l Wasser oder Tee (ungesüßt) und meiden Sie zu viel Alkohol.
- Aber – genießen Sie bewusst auch mal ein Stück Kuchen am Nachmittag oder 1 Glas Wein am Abend. Das verhindert Heißhunger und in Maßen genießen ist doch etwas Schönes!
- Fleisch sollte nicht jeden Tag auf dem Speiseplan stehen!
- Warten Sie doch mal auf richtiges Hungergefühl, dann schmeckt alles noch besser. Essen, nur weil eine bestimmte Uhrzeit erreicht ist, kann auch zu Gewichtszunahme führen.

In der Bibel suchen wir vergebens nach Gewichtstabellen. Doch leider ist das Körpergewicht bei vielen Frauen jeden Alters das Hauptthema von Gedanken und Gesprächen. Gerade in der Zeit der Wechseljahre, wenn frau sich bewusst wird, dass der Körper vergänglich ist, sollte sie ein neues Verständnis für ihren Körper bekommen. Wir haben als Gottes Geschöpfe eine Verantwortung für unsere „Behausung". Durch eine ausgewogene, altersgerechte Ernährung können wir unsere Gesundheit unterstützen und unser Leben verlängern. In jedem Lebensalter können wir schön sein. Schönheit ist keine Frage der Faltentiefe und einer guten Figur. Unser innerer Mensch kann strahlen und attraktiv sein, auch wenn wir Falten und ein paar Pfunde zu viel haben.

Ingrid Franke, 56, aus Weißwasser (9 Enkelkinder): Ich habe meine Ernährung umgestellt

Ich habe ein wunderbares Hobby: Es macht mir viel Spaß, für meine Familie und für Gäste zu kochen. Das gelingt mir gut und mein Werk schmeckt mir auch selber. Leider hat dieses Hobby eine Falle. Durch das gute Essen und durch die Hormonumstellung der Wechseljahre wurden die Pfunde immer mehr. Ich bekam an Hüften und Beinen gesundheitliche Probleme. Eines Tages erschrak ich über mein Gewicht und beschloss, etwas dagegen zu tun. Bei der Ernährung achte ich jetzt auf die richtigen Fette und Kohlenhydrate. Ich benutze Oliven- oder Distelöl für Salate oder zum Kochen. Als Brotaufstrich verwende ich Halbfett- oder Viertelfett-margarine. Ansonsten stehen vorwiegend Vollkornprodukte (Vollkornbrot/-brötchen, Vollkornnudeln) auf dem Tisch. Gut zubereitet schmecken diese Produkte einfach lecker.

Früher dachte ich immer, viel Obst ist ja so gesund. Ist es auch. Allerdings entdeckte ich, dass zwei Obstmahlzeiten und drei Gemüsemahlzeiten ein gutes Maß für mich sind. Ich genieße Obst heute in Maßen – wegen des hohen Fruchtzuckeranteils. In den vergangenen zwei Jahren habe ich es mir angewöhnt, 2 bis 3 Liter Mineralwasser oder Tee zu trinken. Das viele Trinken bekommt mir sehr gut, und es nimmt mir auch oft das Hungergefühl.

Zusätzlich entschied ich mich für zwei Sportarten. Einmal in der Woche gehe ich zum Aqua-Fitness und mindestens einmal in der Woche gehe ich zum Nordic Walking. In den vergangenen zwei Jahren habe ich 6 kg abgenommen. Obwohl ich mit dem Ergebnis noch nicht zufrieden bin, fühle ich mich schon leichter und bemerkenswert wohler.

Essen und Familie – Beate

Wie ein bekannter Werbeslogan es beschreibt: Viele Frauen leiten ein kleines, effektives Familienunternehmen. Die Tätigkeit der Köchin, Ernährungsexpertin, Krankenschwester, Chauffeurin, Gärtnerin und Dekorateurin inbegriffen. Und stehen darüber hinaus viele Wochenstunden im Berufsleben. Für diejenigen, die nicht außer Haus arbeiten gehen, sind die Erwartungen, dass sie sich freiwillig und gemeinnützig engagieren, umso größer. So ist die Frau von heute ständig auf Achse.

Verantwortung für Leib, Seele und Geist Ihrer Lieben

Ich kann nicht behaupten, dass meine Vorliebe für gesundes Essen und Gemüse sich kraft meiner Persönlichkeit auf jedes Familienmitglied übertragen hätte. Und ich stehe immer wieder vor der Frage, wie ich in der begrenzten Zeit, die mir für Haushalt und Kochen bleibt, die richtigen Akzente setzen kann. Wichtig waren und sind mir unsere gemeinsamen Mahlzeiten. Selbstverständlich sind die heute längst nicht mehr. Die Kinder kommen zu unterschiedlichen Zeiten aus Schule und Kindergarten, der Teenager erst am späten Nachmittag vom Training, der Mann vielleicht erst abends von der Arbeit. Und weil in vielen Küchen eine Mikrowelle steht, wird das Essen einfach schnell aufgewärmt.

> Es ist nie zu spät, das zu werden, was man hätte sein können.
>
> ALICE GRAY

Gemeinsames Frühstück

Wir versuchen, trotz unterschiedlicher „Abflugzeiten“ morgens gemeinsam zu frühstücken. Manchmal jogge ich vor dem Frühstück zum Bäcker und hole jedem aus der Familie „sein“ Lieblingsbrötchen. Und weil ich auch nur eins für mich kaufe, ist der Brotkorb leer, wenn die Familie auseinander geht – und ich bleibe meinem Vorsatz, mich mit einem Brötchen zufrieden zu geben, treu. Fertigmüsli und das enorme Angebot der Frühstückscerealien kommen nur noch

ausnahmsweise auf den Tisch. Sie verführen regelrecht dazu, viel zu essen, halten nicht lange vor und ihr Zuckergehalt ist enorm hoch.
Meine Kinder brauche ich morgens nur selten ans Trinken zu erinnern, aber für mich ist es eine gute Gewohnheit geworden, ein großes Wasserglas leer zu trinken, wenn ich den Kaffee aufsetze. Das erinnert mich gleich an die richtige Richtung in Sachen Gesundheit und meine Vorsätze. Fange ich an zu „schludern", was zwischendurch auch immer wieder vorkommt, lasse ich das nämlich weg – und kehre auch beim Frühstück ins „alte Fahrwasser" zurück.
Gewöhnen Sie sich an, am Morgen ein Glas Obst- oder Gemüsesaft zu trinken! Fertige Säfte aus 100 % Frucht oder Konzentrat gibt es in großer Auswahl; oder Sie pressen sich selbst etwas. Mischen Sie sich den Super-Muntermacher-Drink und tanken Sie neben der Flüssigkeit auch gleich eine Portion Vitamine.
Mittags wird es schon schwieriger mit dem gemeinsamen Essen. So haben wir den Beginn der warmen Mahlzeit auf den frühen Nachmittag verlegt, wenn auch die Großen aus der Schule zurück sind.

Naschen Sie auch beim Essenkochen?

Diese Angewohnheit war mir lange Zeit gar nicht bewusst! Oft hatte ich durchs bloße Probieren und Abschmecken schon so viel gegessen, dass ich bereits satt war, wenn wir uns an den Tisch setzten. Die Mahlzeit habe ich mir aber trotzdem gegönnt – und das nicht zu knapp. Inzwischen trinke ich beim Essenkochen viel Wasser oder auch mal eine heiße Brühe. Der Heißhunger legt sich, mein Magen erfährt eine gewisse Sättigung, und ich strapaziere mein Kalorienkonto nicht.
Das Auge isst mit. Das gilt nicht nur für das Anrichten der Speisen und den schön gedeckten Tisch. Offenbar schätzen Menschen mit ihren Augen und über die Füllung des Magens ab, wann sie satt und zufrieden sind. Eine reichliche, warme Mahlzeit am gedeckten Tisch in gelassener Atmosphäre ist mein Vorsatz für den Familienalltag, auch wenn es nicht jeden Tag gelingt.
Oft stelle ich zusätzlich einen Teller mit Rohkost auf den Mittagstisch. Positiver Effekt: Das vorbereitete Knabber-Gemüse lieben (nicht nur) die Kinder und der Teller leert sich eigentlich immer, manchmal schon während des Tischdeckens. Vom oft kalorienreicheren Mittagessen wird weniger benötigt.

Wir können erziehen, wie wir wollen, unsere
Kinder machen uns doch alles nach.

Was koche ich bloß?

Ihre Kinder mögen kein Gemüse und keine „gesunde Küche"? Viele Gerichte lassen sich verschlanken, ohne dass es eines von ihnen bemerkt. Nichts sagen, einfach tun! Tauschen Sie Hackfleisch gegen Tartar aus und machen Sie saftige Döner und Hamburger selbst. Probieren Sie leckere Ofenkartoffeln oder Folienkartoffeln mit Kräuterquark.

Nudeln sind der Familienhit Nr. 1. Preiswert, sättigend und schnell zubereitet. Meine Freundin Petra kocht „bunt". Halb Dinkelvollkorn, halb normale Nudeln. Und ihre Kinder mögen es. Ganz allmählich verstärkt sie den Anteil Vollkornnudeln. Kreieren Sie leckere Soßen. Kombinieren Sie mit Schinken und roter Paprika oder Pilzen, Tomaten und Ei. Mischen Sie einfach mehr passierte Tomaten oder Pizzatomaten in die Bolognese-Soße. Bei so leckeren Nudelgerichten werden auch Ihre Kinder zugreifen. Und allmählich wird ihr Geschmack sich umgewöhnen.

Wok-Gerichte

Für die schnelle Familienküche sind Wok- und Pfannengerichte ideal. Aus frischen Zutaten und mit aromatischen Kräutern lassen sich im Handumdrehen knackig-bunte Mahlzeiten zubereiten. Ob Pfannenrühren oder Dämpfen – im Wok gelingt einfach alles. In China hat der Wok eine Jahrtausende alte Tradition. Auch bei uns wird er immer beliebter. Kein Wunder, denn Kochen im Wok geht schnell und ist durch die spezielle Zubereitungsart sehr gesund: Klein geschnittenes Gemüse, Fleisch und Fisch benötigen nur wenige Minuten Garzeit. Die Zutaten bleiben dadurch knackig und reich an wichtigen Nährstoffen. Außerdem benötigen Sie beim Kochen im Wok nur wenig Fett. Deshalb sind Wok-Gerichte gut für die schlanke Linie und ein Genuss für Nase, Augen und Gaumen zugleich.

> Wenn ich frierend und müde nach Hause komme, trinke ich erst mal eine heiße Gemüsebrühe.

Das Fest mit dem Rest

Kennen Sie auch das „Fest mit dem Rest"? Bei uns bleibt eigentlich immer irgendetwas übrig. Drei Fischstäbchen, ein Rest Soße, ein Stückchen Pizza. Die Versuchung für mich bestand darin, als eine Art Biotonne zu fungieren. War doch schade um das gute Essen.

tante anna
wholewheat

Dann nahm ich mir vor: „Ich bin jetzt keine Biotonne mehr." Wenn die Mahlzeit zu Ende ist, räume ich den Tisch ab und entscheide schnell: Was wiederverwertet werden kann oder soll, wird gut verpackt und kommt in den Kühlschrank oder ins Gefrierfach. Reste, bei denen sich das Aufbewahren nicht lohnt, landen sofort in der richtigen Biotonne.

Essen am Computer oder Fernsehen

Die Versuchung gerade für Teenager ist groß, wenn sie mal später nach Hause kommen. Denn wer sitzt schon gerne alleine am Tisch? Ich versuche, mich wenigstens ein paar Minuten zu ihnen zu setzen und ihnen zu helfen, „anzukommen" und abzuschalten.

„Hast du was zu knabbern?"

Wenn mein 11-Jähriger aus der Schule kommt, hat er meist einen Bärenhunger – doch bis zum gemeinsamen Mittagessen muss er sich noch gedulden. Statt einem schnellen Nutellabrot oder einem Fertigmüsli schnipsel ich ihm einen Obstteller. Eine Banane, einen Apfel, eine Orange oder Mandarine … der Fruchtzucker geht schnell ins Blut und signalisiert ihm: Alles im grünen Bereich.
Während Süßigkeiten bei uns rar sind und auch nicht einfach genommen werden dürfen, haben wir immer frisches Obst der Saison im Haus. „Wie viele Äpfel esst ihr in der Woche?", fragte ein Lehrer in der Klasse meiner Tochter. „So zwei bis drei am Tag", antwortete sie. Er konnte es schlichtweg nicht glauben.
Die von der Deutschen Gesellschaft für Ernährung angestrebten „5 am Tag" – fünf Portionen Obst und Gemüse – werden vom Otto-Normal-Verbraucher mal gerade zur Hälfte geschafft. Dabei kann man sich hier so richtig satt essen. Wie wäre es mit dem Vorsatz, Ihren Obst- und Gemüseverbrauch wenigstens zu verdoppeln?

„Immer wieder sonntags …"

„Sonntags ist ernährungstechnisch der schwierigste Tag in der Woche", stöhnte Petra, die während der Woche eigentlich wenig Schwierigkeiten hat, diszipliniert zu essen. Wenn sie und ihre Familie sonntags nach dem Gottesdienst wieder zu Hause sind, haben alle großen Hunger, und am liebsten sollte nach zehn Minuten das perfekte Sonntagsessen auf dem Tisch stehen. Allein diese unausgesprochenen Erwartungen waren für Petra Stress pur, und beim hektischen Kochen

aß sie nebenbei alles, was ihr zwischen die Finger kam, um sich schließlich satt und matt an den Mittagstisch zu setzen.
Irgendwann hatte sie diesen Negativkreislauf satt und überlegte sich ihre persönliche Strategie. Die hieß: planen! Um die Sonntagssituation zu entschärfen, kocht sie entweder vor, sodass sie den Auflauf nur noch in den Ofen schieben, die Suppe nur noch wärmen muss. Oder sie bereitet ein Tiefkühlgericht oder einen einfachen und schnellen Klassiker zu. Benutzen Sie außerdem Ihren programmierbaren Ofen. Dann ist das Essen fertig, wenn Sie aus dem Gottesdienst kommen. Falls Sie Anfang und Ende der Garzeit an Ihrem alten Schätzchen nicht einstellen können, greifen Sie auf Römertopfgerichte zurück. Neben der langen Garzeit, die es möglich macht, das Essen vor dem Gottesdienst schon in den Ofen zu schieben, ist auch die Garmethode im Römertopf schonend und erhält Aroma und Vitamine der Lebensmittel, ohne dass Sie viel Fett zugeben müssen.
Und der obligatorische Sonntagskuchen? Ich liebe ihn! Auch wenn das Mittagessen später als an anderen Tagen gegessen wird, gönnen wir uns Kaffee und Kuchen. Das Abendessen lassen wir dafür ausfallen. Einige Familienhits für den Sonntag finden Sie im Rezeptteil.

Bis zum Abend klappt es gut

Egal wie viel Selbstbeherrschung man tagsüber aufgebracht hat – am Abend ist sie meist verflogen. Hier ist es für mich persönlich besonders wichtig, „einen Plan" zu haben. Denn planlos besuche ich den Kühlschrank auch nach dem Abendessen wieder. Noch ein Käsebrot zum Glas Wein? Die Chips, die vom Hauskreis übrig geblieben sind, sind dann „für mich".
Wenn ich abends unterwegs bin, fällt mir das Konsequentsein leichter. Trotzdem brauche ich auch hier eine „Gewohnheit". Im Moment ist es die heiße Brühe, ein Becher Cappuccino oder Kakao, der mich ankommen lässt und mir gut tut. Habe ich Hunger, gibt es im Winter einen Bratapfel. Mit Zimt, Zucker oder Kakao bestäubt wird er in der Mikrowelle in Nu zum duftenden, kalorienarmen Highlight. Mein Sommerfavorit: Mit dem Stabmixer püriere ich gefrorene Beeren mit Joghurt. Ein Spritzer Süßstoff – und fertig ist mein Fruchteis light. Bin ich den ganzen Abend zu Hause, ist „richtiges" Abendbrot für mich und meine Familie angesagt. Verzichte ich darauf, bin ich noch Stunden „auf der Suche". Hier ein Joghurt, da ein Müsli, ein bisschen Süßkram … und so geht's den Kindern auch.

Dann lieber gleich richtig am gedeckten Tisch sitzen und essen. Und ich weiß hinterher: Ich hab schon gegessen!

„Baustellen"

gibt es im Familienalltag immer wieder. Mal ist die Zeit knapper als sonst und über Wochen gehen alle Vorsätze und Ideale regelrecht baden. Dann fange ich einfach wieder an, wenn es die Zeit zulässt. Nach über 20 Erziehungsjahren habe ich aufgehört, mich für jede Marotte und jede Unart der Kinder persönlich verantwortlich zu fühlen. So wie meine eigene Mutter es nicht hat verhindern können, dass ich als 13-Jährige ein Jahr in die Magersucht „abrutschte", kann auch ich nicht verhindern, dass meine Kinder immer wieder mal „ernährungstechnisch" danebengreifen.

Eine Bibelstelle hat mich einmal sehr getröstet, als ich über meine eigene Unzulänglichkeit verzweifelt war. Denn trotz meines guten Willens muss ich zugeben, dass ich längst nicht alles richtig gemacht habe: „Hieran erkennen wir, dass wir in der Wahrheit leben und Gott voller Zuversicht begegnen können, selbst wenn unser Herz uns verurteilt. Denn Gott ist größer als unser Herz, und er weiß alles." (1. Johannes 3,19-20)

Wie viele Fehler Sie auch gemacht haben – auch an Ihren Kindern –, Gott kennt Ihr Herz und ist größer. Zu den Müttern sagt er: „Danke! Danke für deine Mühe und die Liebe, die du in dieses Kind investiert hast. Ich wusste schon vorher, dass du nicht perfekt sein würdest, aber du bist mein perfekter Plan für dieses Kind."

Machen Sie das Beste aus Ihrem Leben!

„Ich wünschte, der Winter wäre vorbei! Dann würde ich wieder laufen gehen." – „Mit meinen kleinen Kindern bleibt für mich selbst keine Zeit übrig." – „Das Geld ist bei uns so knapp, wie soll ich da magere Sachen einkaufen, die meistens teurer sind als die fettige Variante." – „Ich habe keine Zeit zum Kochen. Mittags esse ich in der Kantine. Wie soll ich bei dem fettigen Essen abnehmen?"

Kennen Sie solche Aussprüche? Gibt es nicht immer wieder einen Hinderungsgrund, der dazu führt, dass wir uns lieber nicht so viel bewegen? Beneiden wir nicht oft andere, denen es anscheinend sehr viel leichter fällt, mit ihrer Situation fertig zu werden? Vor Jahren habe ich etwas Wichtiges von Claudia Mühlan übernommen: Ich habe gelernt, das Beste aus meiner Situation zu machen. Es gibt sicherlich viele Dinge im Leben, die wir verändern können. Mit hochgekrempelten Ärmeln habe auch ich schon eine ganze Menge auf die Beine gestellt und bewegt. Aber manchmal stecken wir in Situationen, die nicht zu ändern sind. Die Kunst des Glücklichseins liegt dann oft darin, mit dem zufrieden zu sein, was ich habe und kann. An einem kalten Winter oder einem verregneten Herbst können Sie nichts ändern. Aber warm und wetterfest angezogen ist es möglich, der ungemütlichen Jahreszeit zu trotzen.

Mit drei kleinen Kindern, die noch nicht in Schule oder Kindergarten gehen, finden Sie wenig Zeit für sich persönlich. Legen Sie doch Ihren falschen Ehrgeiz einmal ab, lassen Sie die Kinder in der Obhut des Vaters, einer Oma oder Freundin und gönnen Sie sich einmal guten Gewissens Zeit für sich. Nutzen Sie sie für einen ausgiebigen Spaziergang oder um in Ruhe mal einkaufen zu gehen, oder einfach zum Entspannen. Denken Sie dabei immer daran: Ihre Zeit wird kommen. Früher oder später sind die lieben Kleinen in Kindergarten und Schule, und dann

> Seien Sie sicher: Sie sind der Knüller! Keine andere Frau ist wie Sie!

sieht die Welt schon wieder ganz anders aus. Halten Sie durch und versuchen Sie, im Alltag Oasen für sich zu finden. Übrigens zählt es auch zur Bewegung, wenn Sie mit den Kindern Fangen spielen, rumtollen oder walkend den Kinderwagen schieben.
Wenn das Geld knapp und keine Möglichkeit des Dazuverdienens in Aussicht ist, lernen Sie mit dem auszukommen, was sie haben. Ein guter Haushaltsplan kann dabei helfen. In dem Beispiel „Hackfleischsoße" wird deutlich, dass die magere Variante nicht teurer sein muss.

Beispiel:

Pasta mit Tomatensoße traditionell		**Pasta mit Tomatensoße leicht**	
500 g Hackfleisch, Fettgehalt 30 %	2,49 €	200 g Tatar, Fettgehalt 6 %	2,00 €
1 Zwiebel	0,10 €	1 Zwiebel	0,10 €
500 g passierte Tomaten	0,29 €	1000 g passierte Tomaten	0,58 €
Salz, Pfeffer, Oregano		Gemüsebrühepulver, Oregano	
etwas Zucker		etwas Süßstoff	
Öl aus der Flasche		1 Teelöffel Öl	
Gesamt	**2,88 €**	**Gesamt**	**2,68 €**

Hierbei handelt es sich zwar nur um geschätzte Preise, das Beispiel macht aber deutlich, dass die leichte Version nicht unbedingt auch teurer sein muss. Dafür wurden 24 % Fett eingespart. „Schmeckt das denn auch?", fragen Sie sich. Probieren Sie es aus. Die Zubereitung finden Sie im Kapitel Rezeptvorschläge. Mittlerweile gibt es in jedem Discounter Obst und Gemüse, das jeden Geldbeutel schont. Es müssen nicht die teuren Äpfel vom Bioladen oder vom Markt sein, wenn Sie sich das nicht leisten können. Keiner zwingt Sie, bei der Arbeit der Kantine einen Besuch abzustatten. Es gibt genügend Möglichkeiten, sich Mahlzeiten vorzubereiten und mitzunehmen. Leckere Salate, köstlich belegte, leichte Sandwiches, Obst und Gemüse zum Knabbern. Ihrer Phantasie sind hier keine Grenzen gesetzt. Warm essen können Sie auch abends. Kochen Sie sich Ihre Lieblingsspeisen gleich in vierfacher Menge. Und frieren Sie den Rest ein. So sparen Sie Zeit und haben für den Notfall immer etwas in petto. Wenn Sie auf die optimale Zeit zum Abnehmen warten, dann warten Sie Ihr Leben lang. Es wird immer schwierige Situationen geben. Machen Sie das

Beste draus. Es ist Ihre Entscheidung. Niemand nimmt Ihnen das ab. Wenn Sie die Umstände, in denen Sie sich befinden, akzeptieren und das Beste aus Ihrer Situation machen, werden Sie feststellen, dass Sie viel zufriedener sind. Sie streben nicht mehr nach unerreichbaren Dingen und begnügen sich mit dem, was Sie haben. Und denken Sie daran: Die Zeiten verändern sich. Irgendwann wird sich auch Ihre Situation verändern.

Und so geht's weiter

Inzwischen sind Sie auf den letzten Seiten unseres Buches angelangt und fragen sich, wie und wo Sie nun konkret anfangen können.
Möchten Sie abnehmen? Möchten Sie neue, gesunde, gute Gewohnheiten in Ihren Alltag integrieren? Dann arbeiten Sie mit unserem Buch! Kommen Sie vom Wünschen und Träumen ins Handeln. Übernehmen Sie selbst die Verantwortung für Ihren Körper und Ihre Gesundheit. Kein Mensch kennt Sie so gut, wie Sie selbst sich kennen. Niemand weiß so gut über Ihre Stärken und Schwächen Bescheid wie Sie. Am Ende dieses Buches haben Sie sicher mehr über sich herausgefunden. Heben Sie Ihren Kopf und sagen Sie sich: „Ja, das bin ich, das kann ich, das schaffe ich." Sie haben es in der Hand. Kein anderer wird die nötigen Veränderungen für Sie übernehmen. Beginnen Sie heute!
Wählen Sie sich den Vorschlag aus, der momentan für Sie am wichtigsten ist. Verwandeln Sie unseren „Vorschlag" in Ihren persönlichen „Vorsatz" – und lassen Sie ihn nicht aus den Augen. Günstig ist, das schriftlich zu tun, indem Sie ein „Leichter-Leben-Tagebuch" führen. Möglicherweise bekommen Sie ja auch Schützenhilfe durch Ihren Partner oder durch Freunde, die ebenfalls dem leichten Leben auf der Spur sind. Oder Sie schließen sich einer Gruppe Gleichgesinnter an. Vielleicht sind Ihre Figurprobleme die „letzte Bastion" in Ihrem Leben – und ansonsten verläuft alles wunschgemäß. Oder die Abnahme ist der erste Schritt, Ihr Leben zu verändern und neu zu gestalten. Unter Umständen ist Ihr Übergewicht nur eine der vielen Nöte und Sorgen, die Ihnen das Leben schwer machen. Leichter zu werden heißt nicht unbedingt auch leichter zu leben. Alleine durch Ihre Abnahme werden Sie Ihr Leben nicht „in den Griff" bekommen.

> „Lieber Freund, ich bete, dass es dir in jeder Hinsicht gut geht, und dass dein Körper so gesund ist, wie ich es von deiner Seele weiß."
>
> JOHANNES AN SEINEN FREUND GAJUS, 3. JOHANNESBRIEF 1

Auch Ihr Herz kann leichter werden

Wir möchten Ihnen die größte Hilfe, die es geben kann, nicht vorenthalten. Beide haben wir Gott als einen persönlichen, liebenden Vater kennen gelernt, zu dem wir mit allen Anliegen und Problemen kommen können. Ich, Beate, habe erlebt, wie eine chronische Mittelohrentzündung durch Gebet auf Nimmerwiedersehen ausheilte. Ich, Heike, bin durch Gebet von Krebs geheilt worden. In vielen brenzligen Situationen in unseren Familien haben wir Wunder erlebt. Eines wissen wir: Gott hört jedes Gebet. Gott ist der Schöpfer. Er hat alles und alle geschaffen, auch Sie. Weil er Sie erschaffen hat, kennt er Sie und weiß alles über Sie. Er hat Sie dazu geschaffen, Gemeinschaft mit ihm zu haben, und sein Wunsch ist es, dass es Ihnen gut geht!

„Wenn Gott wirklich so interessiert an mir ist, warum hilft er mir dann nicht einfach?“, fragen Sie sich jetzt vielleicht. Gute Frage!

Im letzten Buch der Bibel finden wir ein Bild, in dem Jesus sagt: „Merkst du es denn nicht? Ich stehe vor deiner Türe und klopfe an. Wer jetzt auf meine Stimme hört und mir die Türe öffnet, bei dem werde ich einkehren.“ Dieses Bild zeigt uns, wie Jesus sanft an die Türe unseres Lebens, unseres Herzens klopft. Er liebt Sie ohne Vorbehalte – egal wie Sie sich verhalten und was bisher in Ihrem Leben geschehen ist. Er wird warten, bis Sie ihn einladen.

Jesus drängt sich nicht einfach in Ihr Leben hinein, sondern wartet, bis Sie sich dafür entscheiden, an ihn zu glauben und ihn aufzunehmen. Wenn Sie das tun – und dazu genügt ein einfaches Gebet –, dann haben Sie die Kraft und Möglichkeiten des allmächtigen Gottes auf Ihrer Seite, der entschlossen ist, Ihnen in allen Belangen zu helfen und Ihr Leben reich und heil zu machen.

So wünschen wir Ihnen, dass Sie im doppelten Sinne Ihr Leben leichter leben können.

Ihre Heike Malisic
und Beate Nordstrand

Rezepte

Milchreis mit Früchten (für 1 Person)

250 ml Milch (1,5 % Fett)

250 ml Wasser

60 g Milchreis

1 P. Vanillesoßenpulver

Süßstoff

Erdbeeren

250 ml Milch mit 150 ml Wasser aufkochen. Milchreis dazugeben, auf kleinster Stufe unter Rühren ca. 40 Min. köcheln lassen. Restliches Wasser mit Süßstoff und Vanillesoßenpulver verquirlen und mit dem Schneebesen in den Milchreis rühren. Erdbeeren kalt oder heiß dazu servieren.

Wer nicht genießt, wird ungenießbar!

Vegetarische Burger (für 4 Personen)

1 Becher Hüttenkäse (körniger Frischkäse), 200 g

½ Becher zarte Haferflocken

1 Becher Cornflakes

3 Eier

1 gehackte Zwiebel

1 Pck. TK-8-Kräuter

1 TL Gemüsebrühe oder Vegeta (kroatisches Gewürz, gibt es in türkischen Lebensmittelgeschäften, mittlerweile auch schon in manchen Supermärkten)

Salz/Pfeffer

Aus den Zutaten einen Brei rühren. 10 Minuten zum Quellen stehen lassen. Danach ca. 8 Burger formen. Fettfrei auf einer Bratfolie oder in einer guten beschichteten Pfanne braten. Falls Öl erforderlich ist, reicht 1 TL.

Kartoffelsalat (für 4 Personen)

1 kg Kartoffeln

3 Zwiebeln

1 EL Rapsöl

½ Glas Gewürzgurken

Essig

Salz/Pfeffer

Gemüsebrühe oder Vegeta

Kartoffeln in der Schale möglichst am Vortag kochen, schälen und in kleine Stücke schneiden. Zwiebeln schälen, würfeln. 1/3 der Zwiebeln roh mit den klein geschnittenen Gurken zu den Kartoffeln geben. Restliche Zwiebeln in 1 EL Öl goldgelb braten und mit einem guten Schuss Essig ablöschen. 200 ml Wasser mit Gemüsebrühe zu der Essig-Zwiebel-Mischung geben, das Ganze 1 Min. kochen lassen und zu den Kartoffeln geben. Mit Gurkenwasser, Essig, Salz und Pfeffer abschmecken.

Salat mit Hähnchenbrust (für 4 Personen)

1 Kopf grüner Blattsalat (Lollo Rosso, Eichblatt, Eisberg …)
200 g Cocktailtomaten
5 Oliven
1 Zwiebel
300 g Hähnchenbrustfilet in Streifen geschnitten
100 g Parmesankäse am Stück mit dem Sparschäler in dünne Scheiben geschält

Salat und Tomaten waschen, abtropfen lassen, den grünen Salat grob zerpflücken, die Cocktailtomaten und die Oliven halbieren, die Zwiebel schälen und in feine Ringe schneiden, alles aufeinander schichten. Das Hähnchenbrustfilet in 1 TL Olivenöl braten, bis es knusprig ist.

Für das Dressing
100 ml Balsamicoessig
50 ml Gemüsebrühe
4 Tl Olivenöl
Salz, Pfeffer und Süßstoff

Gut verrühren. Das Dressing über den Salat geben und 10 Minuten durchziehen lassen. Die Parmesanstreifen und das Hähnchenbrustfilet über den Salat geben.

Kartoffel-Gemüse-Blech (für 4 Personen)

800 g Kartoffeln
3 Zwiebeln
Gemüse nach Wahl (Zucchini, Paprika, Lauch …)
Vegeta
2 EL Olivenöl

Die Kartoffeln schälen, waschen, die Zwiebel schälen, das Gemüse putzen. Kartoffeln vierteln, das Gemüse in kleine Stücke schneiden. Alles in einer Schüssel mit dem Öl und dem Vegeta vermengen. Nach Belieben mit frischem Rosmarin würzen. Alles auf ein Backblech verteilen, bei 200 Grad ca. 45 Min. in den Ofen.

Kartoffel-Hähnchen-Blech (für 4 Personen)

1 kg Kartoffeln

1 kg Hähnchenbrust oder Hähnchenschenkel (grob zerkleinert)

Vegeta

2 EL Olivenöl

nach Belieben frischer Rosmarin

3 Zwiebeln

Kartoffeln schälen, waschen und vierteln. Mit den übrigen Zutaten vermengen. Auf einem Backblech ca. 45 Min. bei 200 Grad braten.

Lachsauflauf mit Blattspinat (für 4 Personen)

800 g geschälte und in Scheiben gehobelte Kartoffeln

2 Zwiebeln

450 g Blattspinat (oder mehr) salzen und pfeffern

pro Person 1 Stück Lachs (ca. 125 g)

3 Eigelb

3-4 EL Sauerrahm

1 Bund Dill, gehackt

Senf, Salz, Pfeffer

Kartoffeln ca. 5 Min. kochen, dann abschrecken. Zwiebeln klein schneiden und andünsten. Spinat mit Lachs, Kartoffeln und Zwiebeln in einer feuerfesten Form schichten. Eigelb mit Sauerrahm verrühren. Dill, Senf, Salz und Pfeffer verrühren und die Masse über den Auflauf streichen. Im Backofen bei 200 Grad ca. 40 Min. garen.

Richtiger Umgang mit Essen gibt Kraft,
Fett jedoch zapft uns Kraft ab.

Familien-Pizza (für 1 Blech)

¼ Liter lauwarmes Wasser
½ Würfel Hefe (20 g)
1 TL Salz
400 g Weizenmehl
1 TL Olivenöl
200 g gekochter Schinken
2 Knoblauchzehen
500 g passierte Tomaten
3 EL Oregano
Salz, frisch gemahlener Pfeffer, Kräuter
150 g Champignons, geschnitten
Peperoni nach Belieben
Paprikastreifen, gelb und rot
150 g Käseraspel oder Mozzarella (evtl. Light-Version)

Wasser, Hefe und Salz verrühren, Mehl unterkneten und anschließend an einem warmen Ort 20 bis 30 Min. gehen lassen. Den Backofen auf 220 Grad vorheizen und ein Backblech mit Backpapier oder Backfolie belegen.

1 EL Öl erhitzen, Knoblauch darin glasig andünsten, mit passierten Tomaten auffüllen, mit Oregano und Kräutern nach Bedarf aufkochen und möglichst lange köcheln lassen, salzen und pfeffern.

Den Teig noch einmal durchkneten und auf dem Blech ausrollen. Mit der Tomatensoße bestreichen. Die Pizza mit Champignons, Schinkenstreifen, Paprika und Peperoni belegen und den Käse darauf verteilen. Im vorgeheizten Ofen (Mitte, Umluft 220 Grad) 20 Minuten backen.

Dieser Pizzateig schmeckt aber auch hervorragend, wenn Sie ihn mit Blattspinat (450 g), Knoblauch und Schafskäse belegen. Dazu einfach den aufgetauten Spinat mit dem fein gehackten Knoblauch in einem TL Öl andünsten, bis die Flüssigkeit verdunstet ist. 200 g Schafskäse oder mehr klein würfeln und zum Spinat geben. Die Masse mit Oregano, Kräutern, Salz und Pfeffer abschmecken und den Teig damit belegen. Natürlich können Sie weitere Gemüsesorten nach Geschmack zufügen. Im vorgeheizten Ofen (Mitte, Umluft 220 Grad) 20 Minuten backen.

Hackfleischsoße für Nudeln oder für Lasagne (für 4 Personen)

200 g Tatar
1 TL Olivenöl
1 Zwiebel
1000 ml passierte Tomaten
Vegeta
Oregano
Süßstoff

Tipp: Tomatensoße auf Vorrat kochen und portionsweise einfrieren. So haben Sie bei Bedarf immer eine schnelle Soße. Während diese in der Mikrowelle auftaut, sind schnell ein paar Nudeln gekocht und ein Salat zubereitet.
Tipp Salatsoße: Jede Salatsoße lässt sich mit sehr viel weniger Öl zubereiten. Selbst die Fix-Soßen brauchen anstatt der angegebenen 3 EL nur 1 EL. Probieren Sie es aus.

Zwiebel schälen, klein hacken und in 1 TL Olivenöl anbraten. Tatar zufügen, weitere 2 Min. braten. Passierte Tomaten dazugeben und 2 gehäufte TL Vegeta, 1 Schuss Süßstoff und 1 TL Oregano zufügen. Mindestens 1 Std. köcheln lassen. Danach mit Vegeta und Süßstoff nochmals abschmecken. (Zucker oder Süßstoff nimmt den Tomaten den Säuregehalt. Die Soße ist bekömmlicher und hat einen milderen Geschmack!)

Grill-Ideen

- Hähnchenbrustfilet
- Geflügelbratwurst
- Zucchini mit Vegeta gewürzt
- Gemüsespieße
- Bananen
- Hähnchenspieße mit Ananas
- Rindersteak

Fleisch und Gemüse werden besonders zart, wenn sie vorher in Sojasoße eingelegt werden.

Himbeerblechkuchen mit Puddingcreme

5 Eier
220 g Zucker
150 g Mehl
½ Pck. Backpulver
2 Pck. Vanillepuddingpulver
650 ml Milch (0,3 % Fett)
600 g saure Sahne (10 %)
800 g TK-Himbeeren
3 Pck. Tortenguss
400 ml Apfelschorle

Eier trennen, Eigelb mit 5 EL heißem Wasser aufschlagen, 120 g Zucker einrieseln lassen, Mehl und Backpulver unterheben. Eiweiß steif schlagen und unterheben. Den Teig auf ein mit Backpapier ausgelegtes Backblech geben und bei 200 Grad ca. 15 Min. backen. Bei 200 Grad ca. 15 Min. backen. Aus Vanillepuddingpulver, Milch und 100 g Zucker einen Pudding kochen, unter Rühren erkalten lassen, bis er gut lauwarm ist. Saure Sahne unterheben und auf den Bisquit streichen. Mit Obst nach Wahl – ich nehme Tiefkühl-Himbeeren (Erdbeeren ziehen zu viel Wasser) – belegen. Aus Tortenguss, Apfelschorle und 350 ml Wasser einen Guss herstellen und über das Obst gießen.

Hilfreiche Adressen und Internetlinks

Bundeszentrale für gesundheitliche Aufklärung
Ostmerheimer Straße 220
51109 Köln
www.bzga.de

Deutsche Gesellschaft für Ernährung
Godesberger Allee 18
53175 Bonn
Tel: 02 28 / 37 76-600
www.dge.de

Initiativbüro „Bauchumfang ist Herzenssache"
Postfach 130 120
50495 Köln
www.bauchumfang-ist-herzenssache.de

Weight Watchers Deutschland
Grafenberger Allee 295
40237 Düsseldorf
Hotline: 0 18 02 / 23 45 64 (0,06 € pro Gespräch)
www.weightwatchers.de

JOYCE
Wer braucht keine gute Freundin?
Die Zeitschrift JOYCE macht Frauen Mut, Neues zu entdecken. In den Rubriken „Vision gewinnen – Voneinander lernen – Alltag bewältigen – Leben feiern“ finden Sie jede Menge Inspirierendes für Ihre eigene Lebensgestaltung.
JOYCE FrauSein mit Vision
Allein – große Freiheit, großer Notstand?
Wenn Liebe sich in Stress verwa
Mein unterdrückter Schrei
JOYCE
Lebe leichter!
scm Bundes-Verlag
Testen Sie JOYCE kostenlos!
www.joycenet.de • Hotline: 0180/1 999 000

Martin Schramm

Lauffeuer

Das erste Buch für Körper, Seele und Geist

„Laufen?! Das ist nichts für mich! Dazu bin ich viel zu unsportlich!“ Mit solchen Argumenten räumt „Lauffeuer“ gründlich auf. Niemand ist zu unsportlich, um zu laufen - und Freude daran zu haben. Martin Schramm bietet mit seinem „Lauf-Buch für Körper, Seele und Geist“ einen hervorragenden Einstieg für Laufanfänger und wird auch Sportmuffel überzeugen. Der Autor befasst sich eingehend und fundiert mit der richtigen Ausstattung, einem systematischen Trainingsaufbau und vielen anderen wichtigen Aspekten.
Gleichzeitig beinhaltet dieses Buch mit zahlreichen geistlichen Impulsen ein „Lauftraining für Seele und Geist“ und führt die Leser so in die Gegenwart Gottes.

272 Seiten, Paperback, Best.-Nr. 224.498

scm R.Brockhaus